読書と人生

miki kiyoshi

三木清

講談社文芸文庫

目次

読書と人生

我が青春

一

去年の暮、ふと思い附いて昔の詩稿を探していたら『語られざる哲学』と題する旧《ふる》い原稿が見附かった。百五十枚ばかりのもので、奥書きには「千九百十九年七月十七日、東京の西郊中野にて脱稿」と誌してある。あの頃は九月に新学年が始まることになっていたから、ちょうど大学の二年を終えた時で、私の二十三の年である。

想い起すと、その夏、休暇を利用して東京へ出た私は、相良徳三と一緒に中野に小さな家を借りて自炊生活をした。今の文園町《ふみぞのちょう》のあたりである。右の原稿はその時に書いたものので、私の生長の心理的過程を告白録風に記している。もとより人に示すべきものではないが読み返してみると自分にはなつかしいもので、青春の感傷や懐疑や夢を綴っている。「しんじつの秋の日照れば専念にこころをこめて歩まざらめや」、などと歌った若い私であった。あの頃の中野にはまだ武蔵野《むさしの》の面影が存していた。私は一高を出て京都の文科に入ったのであるが、京都に移っても忘れられなかったのは武蔵野の風物である。山や海よりも平野が私の気持にいちばんしっくりするように思う。

＊

京都へ行ったのは、西田幾多郎《きたろう》先生に就いて学ぶためであった。高等学校時代に最も深い影響を受けたのは、先生の『善の研究』であり、この書物がまだ何をやろうかと迷っていた私に哲学をやることを決心させたのである。もう一つは『歎異鈔《たんにしょう》』であって、今も私の枕頭《ちんとう》の書となっている。最近の禅の流行にも拘《かか》らず、私にはやはりこの平民的な浄土真宗がありがたい。恐らく私はその信仰によって死んでゆくのではないかと思う。後年パリの下宿で――それは二十九の年のことである――『パスカルに於ける人間の研究』を書いた時分からいつも私の念頭を去らないのは、同じような方法で親鸞《しんらん》の宗教について書いてみることである。

＊

あの頃一高を出て京都の文科に行く者はなく、私が初めてであった。その後、谷川徹三、林達夫、戸坂潤、等々の諸君がだんだんやってきて、だいぶん賑《にぎ》やかになり仲間の学生の気風に影響を与えるまでになったように覚えている。私が入学した時分の京都の文科は高等師範出身の者が圧倒的で、私の如きは先ず異端者といった恰好であったのである。当時哲学専攻の学生は極めて少く、私のクラスは私と同じ下宿にいた森川礼二郎との二人であった。私が変っていたとすれば、森川も変っていた。彼は広島の高等師範から来たのであるが、大学を卒業してから西田天香氏の一燈園に入ったという人物である。変り者といえば、私の高等学校の同級生で、遅れて京都に来た小田秀人などその随一で、大学時代には熱心に詩を作っていたけれども、暫《しば》らく会わないうちに心霊術に凝り、やがて大本《おおもと》教《きょう》になったりしたが、なかなか秀才であった。やはり一高から京都の哲学科に入った三土《みつち》興三も変り者で、私は彼において「恐るべき後輩」を見たのであるが、自殺してしまったのは惜しいことである。もし三土が生きていたなら、と思うことが今も多いのである。

＊

現在の学生に比較して私どもの学生時代はともかく浪漫的であった。時代が波瀾《はらん》に富んでいたのではなく、青春の浪漫主義を自由に解放し得るほど時代が平和だったのである。

二

当時の京都の文科大学は、日本文化史上における一つの壮観であるといっても過言ではないであろう。哲学の西田幾多郎、哲学史の朝永三十郎、美学の深田康算、西洋史の坂口昂、支那学の内藤湖南、日本史の内田銀蔵、等々、全国から集まった錚々《そうそう》たる学者たちがその活動の最盛期にあった。それに私が京都へ行った年に波多野精一先生が東京から、またその翌年には田辺元先生が東北から、京都へ来られた。この時代に私は学生であったことを、誇りと感謝なしに回想することができない。

私には私ながらの感傷も懐疑も夢もある青春であった。大学時代、私は一年間ほどかなり熱心に詩を作ったことがある。できるといつも谷川徹三に見せて批評して貰った。その頃彼は有島武郎はじめ白樺派《しらかばは》に傾倒しており、私も多少感染されていた。こうした私であったのに、学生としてなすべき勉強を一応怠らずにすることができたのは、前記諸先生の感化に依るものである。

＊

大学時代、私は書物からよりも人間から多く影響を受けた。もしくは受けることができた。そしてそれを私は甚《はなは》だ幸福なことに思っている。当時は学生の数も少なかったので、教授と学生との関係は今とは比較にならぬほど親密であった。殊に私は波多野先生や深田先生のところではよく御馳走になった。お二人とも酒がお好きで、私も酒が飲めるということが分ると、訪ねて行けばきまって酒が出るようになった。そうした座談の間に私は教室でよりも遥《はる》かに多く学ぶことができたのである。

波多野先生からはギリシア古典に対する熱を吹き込まれ、深田先生からは芸術のみでなく一般に文化とか教養とかいうものの意味を教えられた。この二つの影響のほかに、第三のものとして特に記すべきものは坂口先生から受けた影響である。先生の『世界に於ける希臘《ギリシア》文明の潮流』という書物を初めて読んだときの感激を今も忘れることができない。私は先生から世界史というものについて目を開かれたのである。当時の京都大学は哲学科の全盛時代であると共に史学科の全盛時代であった。その後私が歴史哲学を中心として研究を進めるようになったのも、そうした学問的雰囲気《ふんいき》の影響である。

＊

西田先生から最も深い感化を蒙《こうむ》ったことは今更記すまでもないであろう。あの頃先生は『自覚に於ける直観と反省』を書いておられ、初めは『芸文』に、やがて創刊された『哲学研究』に、毎月発表されていた。先生の勉強振りは学生にもひしひしと感ぜられ、毎朝先生のお宅の前を通って学校へ行っていた私は、二階の戸がまだ閉まっているのを見て、昨夜も先生はおそくまで勉強されたのだな、とよく森川礼二郎と話し合ったものである。

*

卒業論文を準備していた秋の終りに、私には一つの事件が起った。或る夜京都駅に有島武郎氏を見送っての帰り、小田秀人と議論しながら本願寺の前を歩いていた私は自動車にひかれたのである。危くひき殺されるところを全くの幸運で、左の肩の骨折で済んだが、一ヵ月あまり入院した。そして『批判哲学と歴史哲学』という論文を出して卒業した。二十四歳のことである。

そのとし大正九年は、世界恐慌が日本をも見舞った年である。平和なりし青春は終って私の一生にも変化の多い時期が来つつあった。わが青春はほんとにはその時から始まったのであるといった方が適切であるかも知れない。

読書遍歴

一

今日の子供が学校へも上らない前から既にたくさんの読み物を与えられていることを幸福と考えてよいのかどうか、私にはわからない。私自身は、小学校にいる間、中学へ入ってからも初めの一二年の間は、教科書よりほかの物は殆ど何も見ないで過ぎてきた。学校から帰ると、包を放り出して、近所の子供と遊ぶか、家の手伝いをするというのがつねであった。私の生れた所は池一つ越すと竜野の町になるのであるが、私は村の小学校に通い、その頃の普通の農家の子供と同じように読み物は何も与えられないで暮してきた。父の代になってからは商売はやめてしまったが、今でも私の生家は村でも「米屋」と呼ばれているように、その時分はまだ祖父が在世していて、米の仲買をやり小売を兼ね、またいくらか田を作ってもいた。村の人々と同じに暮して目立たないことが家の生活方針であり、私も近所の子供と変らないように躾《しつ》けられた。中学に通うことになってからも、私はつとめて村の青年と交わり、なるべく目立たないように心掛けた。私は商売よりも耕作の手伝いが好きであった。つまり私は百姓の子供として育ったのである。雑誌というものを初めて見たのは六年生の時であったと思う。中学の受験準備のための補習の時間に一緒になった村の医者の子供が博文館の『日本少年』を持ってきたので、それを見せて貰ったわけである。私はそんな雑誌の存在さえも知らないといった全くの田舎の子供であった。町へ使いに行くことは多かったが、本屋は注意に入らないで過ぎてきた。今少年時代を回顧しても、私の眼に映ってくるのは、郷里の自然とさまざまの人間であって、書物というものは何ひとつない。ただあの時の『日本少年』だけが妙に深く印象に残っている。その頃広く読まれていた巌谷《いわや》小波《さざなみ》の童話の如きも、私は中学に入ってから初めて手にしたのであった。田舎の子供には作られた夢は要らない。土が彼の心のうちに夢を育ててくれる。

かような私がそれでも文芸というものを比較的早く知ったのは、一人のやや無法な教師のおかげである。やはり小学六年のことであったと記憶する、受持の先生に竜野の町から教えに来ておられた多田という人があった。この先生はホトトギス派の俳人であったらしく、教室で私ども百姓の子供をとらえてよく俳句の講釈を始め、遂には作文の時間に生徒に俳句を作らせるほど熱心であった。或る時私の出した句が秀逸であるというので、黒板に書いて皆の者に示し、そして高浜虚子が私と同じ名の清だから、私も虚子を真似て「怯詩」と号するがよいといって、煽《おだ》てられた。号というものを附けて貰ったのはこれが初めでまた終りでもあるので、今も覚えている。この先生によって私は子規や蕪村《ぶそん》や芭蕉の名を知り、その若干の句を教えられた。『ホトトギス』という雑誌は、中学の時、いわゆる写生文を学ぶつもりで暫らく見たことがある。

二

私がほんとに読書に興味をもつようになったのは、現在満洲国で教科書編纂《へんさん》の主任をしておられる寺田喜治郎先生の影響である。この先生に会ったことは私の一生の幸福であった。確か中学三年の時であったと思う、先生は東京高師を出て初めて私どもの竜野中学に国語の教師として赴任して来られた。何でも以前文学を志して島崎藤村に師事されたことがあるという噂《うわさ》であった。当時すでに先生は国語教育についてずいぶん新しい意見を持っておられたようである。私どもは教科書のほかに副読本として徳冨蘆花《ろか》の『自然と人生』を与えられ、それを学校でも読み、家へ帰ってからも読んだ。先生は字句の解釈などは一切教えないで、ただ幾度も繰返して読むように命ぜられた。私は蘆花が好きになり、この本のいくつかの文章は暗誦《あんしょう》することができた。そして自分で更に『青山白雲』とか『青蘆集』とかを求めて、同じように熱心に読んだ。冬の夜、炬燵《こたつ》の中で、暗いランプの光で、母にいぶかられながら夜を徹して、『思出の記』を読み耽《ふけ》ったことがあるが、これが小説というものを読んだ初めである。かようにして私は蘆花から最初の大きな影響を受けることになったのである。

私が蘆花から影響されたのは、それがその時まで殆ど本らしいものを読んだことのなかった私の初めて接したものであること、そして当時一年ほどの間は殆どただ蘆花だけを繰返して読んでいたという事情に依るところが多い。このような読書の仕方は、嘗《かつ》て先ず四書五経の素読から学問に入るという一般的な慣習が廃《すた》れて以後、今日では稀《まれ》なことになってしまった。今日の子供の多くは容易に種々の本を見ることができる幸福をもっているのであるが、そのために自然、手当り次第のものを読んで捨ててゆくという習慣になり易い弊がある。これは不幸なことであると思う。もちろん教科書だけに止まるのは善くない。教科書というものは、どのような教科書でも、何等か功利的に出来ている。教科書だけを勉強してきた人間は、そのことだけからも、功利主義者になってしまう。

もし読書における邂逅《かいこう》というものがあるなら、私にとって蘆花はひとつの邂逅であった。私の郷里の竜野は近年は阪神地方からの遊覧者も多い山水明媚《めいび》の地であるが、その風物は武蔵野などとはまるで違っている。その土地で大きくなった私が武蔵野を愛するようになったのは、蘆花の影響である。一高時代、私は殆ど毎日曜日、寮の弁当を持って、ところ定めず武蔵野を歩き廻ったことがある。それはその頃読んでいた芭蕉などに対する青年らしい憧憬《どうけい》でもあったが、根本はやはり『奥の細道』でなくて『自然と人生』であった。蘆花を訪ねたことは終《つい》になかったが、彼が住んでいた粕谷《かすや》のあたりをさまよったことは一再ではない。利根川《とねがわ》べりの息栖《いきす》とか小見川《おみがわ》とかの名も蘆花を通して記憶していて、その土地を探《たず》ねて旅したこともある。彼によって先ず私は自然と人生に対する眼を開かれた。もし私がヒューマニストであるなら、それは早く蘆花の影響で知らず識らずの間に私のうちに育ったものである。彼のヒューマニズムが染み込んだのは、田舎者であった私にとって自然のことであった。今も私の心を惹《ひ》くのは土である。名所としての自然でなくて土としての自然である。それは風景としての自然でさえない。芭蕉でさえも私には風流に過ぎる。風流の伝統よりも農民の伝統を私は尊いものに考えるのである。尤《もっと》も、蘆花の文学は農民の文学とはいえないであろう。私は今彼を読み直してみようとは思わない。昔深く影響されたもので、その思い出を完全にしておくために、後に再び読んでみることを欲しないような本があるものである。

三

中学の同級生に古林巌というのがいた。後に姓を改めて藤岡といったが、私どもの学校で有名な秀才で、非常な読書家でもあった。四年生の時彼が寄宿舎を出て私の村に下宿するようになってから親しく交わるようになったが、その時以来私は彼の影響でいろいろな書物を読むようになった。考えてみると、私が哲学を志望するようになったのも、藤岡の感化に基づいている。五年生の頃、彼は永井潜博士の著書を愛読し、頻《しき》りに生命の問題を論じ、私をとらえては器械説がどうの、生気説がどうのと語り、フェルウォルンを尊敬し、その『一般生理学』を読むために既にドイツ語の勉強を始めていた。その時分の中学では恐らく珍しい科学講演会というものを組織したのも彼であった。彼に刺戟《しげき》されて私も永井博士の『生命論』を読み、或いは丘浅次郎博士の『進化論講話』を繙《ひもと》きなどして、生命の問題に関心をもつようになったことが、後に私が哲学に入る機縁となったのである。藤岡は六高を経て京大の医科を卒業して生理学を研究し、特に生理学史に興味をもち、その方面の論文を発表していたが、不幸にして病に斃《たお》れてしまったのは惜しいことであった。彼も後年にはよく哲学の本を読んでいたようである。坂田徳男君は彼と同郷の後輩で、彼と同じように六高を経て京大の医科を卒業して生理学を勉強したが、今日では専門の哲学者になってしまった。

たいていの人は先ず文芸書を通して読書家になるのではないかと思う。藤岡の場合もそうであり、いつも彼に指導されていた私の場合もそうであった。それに藤岡は初めは文学者になるつもりであったらしく、彼の提唱で文芸の廻覧雑誌が出来、私も一二小説めいたものを書いたことがある。その時の同人に現在新京《しんきょう》の建国大学にいる宗教学の松井了穏がある。その頃私は、紅葉、露伴から、漱石、鷗外、一葉、樗牛《ちょぎゅう》、独歩、花袋、秋声、白鳥、荷風、潤一郎、三重吉など、実にいろいろなものを読んだが、特に感銘を受けたものを挙げるとすれば、藤村の『破戒』、『春』、『家』といったもの、『即興詩人』とか『涓滴』などの鷗外のものを挙げねばならぬであろう。その後藤村のものはあまり見ないが、鷗外のものは今も時々見ることがある。竜野の町に伏見屋という本屋があって、私はよく学校の帰りにそこに寄って本を漁《あさ》り、父母に内証の借金が出来て苦労したこともある。時には姫路まで出掛けて古本屋漁りをした。

外国文学では、藤岡は特にワイルドが好きで『リーディング監獄の歌』を廻覧雑誌に訳したりしていたが、私もワイルドの物を東京の丸善から取寄せて辞書を頼りに読んだことがある。私には『デ・プロフンディス』が強く印象に残っている。他には、これも藤岡の感化で、ツルゲーネフのものを比較的多く読んだ。その時分私の中学で外国文学の新知識は、旧姓を永富といい、現在外交評論家として知られている鹿島守之助君であった。鹿島君は私どもよりは一年先輩であるが、令兄が大学で文科をやられていたのに依るであろうか、私どもを全く驚かしたほど外国の作家のことを知っていた。昼の休みの時間に、学校の運動場の隅で、藤岡や私は鹿島君から、ハウプトマンがどうの、マーテルリンクがどうの、ボードレールがどうの、などとよく聞かされたものである。つまり西洋現代文学史の講義を一通り聞いたわけである。鹿島君には久しく会わないが、会って当時を語れば、お互に吹出すようなことが多いであろう。

正確には覚えていないが、ブリックスといったのではないかと思う。私の在学時代に竜野中学にも初めて外人教師が来た。今関西学院の教授で経営学を担当している池内信行は私の同級生で、彼は英語の会話を最も得意とし、この先生とよく一緒であったようである。このアメリカ人の先生が就任の挨拶の時に、自分は太平洋を渡って来たが、この水が日本の岸を洗っていることを思い、世界は一つのものであることを深く感じたといった言葉が今も妙に私の耳に残っている。この先生は町でバイブル・クラスを開いていたが、英語の勉強のつもりでそれに出席したのが私の聖書を読んだ初めである。その後私は聖書は好んで日本訳で読んでいる。この飜訳は恐らく二葉亭や鷗外の飜訳以上に、日本文学史上における偉大な業績である。

詩や歌の方面では、その頃の青年の多くがそうであったように、私も土井晩翠《ばんすい》の『天地有情《うじょう》』を、その中のいくつかを暗誦し得るまでに読んだ。『藤村詩集』もよく読んだが、私の好きであったのは何よりも北原白秋の『邪宗門』や『思い出』であった。今も白秋の詩は私の好きなものの一つである。三木露風は姓が同じであるので、親戚ではないかとよくきかれることがある。そうではないが、露風も竜野の人なので、その名は中学時代から親しんでいた。いったい三木という姓は私の地方には多く、播州《ばんしゅう》三木城の別所氏が豊臣秀吉に滅ぼされた時、家臣たちが亡命して身を晦《くら》ますために元の姓を秘してその土地の名をとり三木と称したのに始まると伝えられている。中学の頃には『廃園』、『寂しき曙《あけぼの》』の中の露風の詩を愛誦したが、トラピスト修道院に入ってからのこの人の詩はあまり見ていない。歌ではやはり白秋の作品が最も好きであった。吉井勇の歌も好んで読んだ。歌といえば、私はその時分かなり熱心に稽古したことがあり、竜野中学の校友会雑誌には当時私の作った歌がいくつか残っている筈であるが、作歌の上で特に影響を受けたのは、その時代の多くの青年に普通であったように、若山牧水であったであろうか。

四

中学時代、私の得意としたものがあるとすれば、それは歴史であった。中にも山路愛山の史伝類をよく読んだが、特に『常山紀談《じょうざんきだん》』とか『日本外史』とかを愛読した。その頃は漢文も私としては得意とするものであったが、経書よりも史書を見ることが好きであった。竜野の脇坂《わきさか》藩の儒者で本間貞観という先生が私どもの中学に教えに来られていた。ところでまた藤岡に誘われて私は一年近くの間、この老先生のお宅に伺って、漢詩を作ることを稽古したことがある。その時分私は学校の作文では、当時の中学生に広い影響を与えていた大町桂月《けいげつ》を読んで、桂月張りの文章を書いていたが、漢詩を習うようになってから勉強したのは久保天随とか森槐南《かいなん》とかの著書であった。一時は『唐詩選』の中の詩をできるだけ多く暗記するつもりで取掛ったことがある。先達て冨山房百科文庫で森槐南の『唐詩選評釈』を買ってきて読み、昔を思い出して懐しかった。

図画の教師で法制経済も教えておられた先生に巌本という人があった。私はこの先生から思想といえば思想らしいものを注ぎ込まれたのである。藤岡にいわせると、巌本先生は社会主義者であるといっていたが、むしろニヒリストであったようである。幸福でなかった先生の境遇が恐らくそうしたものであろう。先生はもと評論家か新聞記者になられるつもりであったらしく、その仕事の重要さをよく話しておられた。私どもは教室でも屢々《しばしば》この先生から、中江兆民《ちょうみん》、福沢諭吉、徳富蘇峰《そほう》、三宅雪嶺《せつれい》などについて聞かされたものである。しかし私はその頃はむしろ文学に熱中していて、思想の問題についてはそれほど深い関心がなかった。巌本先生から教えられたものの中では、蘆花との因縁で、蘇峰氏のものを最も多く読んだが、それもその時分流行していた演説の材料にするつもりで読んだので、思想的影響というようなものはなかった。

播州赤穂《あこう》は竜野から五里ばかりのところにある。私どもの中学では毎年義士討入の日に全生徒が徹夜で赤穂の町まで行軍を行い、そこで義士追慕の講演会を開くのが例であった。その講演会には生徒のうちの雄弁家が出ることになっていたので、平素においても演説はなかなか盛んであった。尤も、これは、その時代が日本におけるいわば一つの雄弁時代であって、今の『雄弁』という雑誌もその頃は名の如く主として我が国の有名な雄弁政治家の演説の速記を載せていたような有様で、私どもの田舎の中学でも擬国会を催したこともあるという時代の一般的な空気の影響でもあり、むしろそれが根本的であった。私も一時は『雄弁』の愛読者であって、中学の裏の山に登って声を張り上げて演説の稽古をしたこともある。国語の教師に野崎先生というのがあり、演説が得意で、生徒にもそれを奨励されていた。赤穂の講演会での演説の準備という意味もあって、義士伝はその時分ずいぶんいろいろ読み漁った。福本日南の『元禄快挙録』なども感激して読んだものであるが、今は岩波文庫の中に収められるようになった。

かようにして中学時代の後半は、私の混沌《こんとん》たる多読時代であった。私は大正三年に中学を卒業したが、私の中学時代は、日本資本主義の上昇期で『成功』というような雑誌が出ていた時である。この時代の中学生に歓迎されていた雑誌に押川春浪《しゅんろう》の『冒険世界』があった。かような雰囲気の中で、私どもはあらゆる事柄において企業的で、冒険的であった。私の読書もまたそうであったのである。これに較べると、高等学校時代の私は種々の点でかなり著しい対照をなしている。

五

自分について語ることは危険なことである。それは卑しいことであり、少くとも悪い趣味であるといわれるであろう。私は書物について書きながら自分について、また他の人々について書くことになった。どのような本を読んだかは或る意味ですべて偶然的なことである。しかし他方それはまたすべて必然的なことである。この偶然性と必然性とをいくらかでも示すためには、人間について、とりわけ自分について書くのを避けることができない。それから生じ易い危険を逃れる手近かな方法は、できるだけ簡単に、事実だけを記すということである。

中学を出ると、私はひとりぼっちで東京のまんなかに放り出された。一高に入学した私は、そこに中学の先輩というものを全くもたなかった。そして私はまた卒業するまでそこに中学の後輩というものを全くもたないでしまった。かようなことが我が国の特殊な社会事情において、殊に田舎から出て来た一人の青年にとって何を意味するかは、読者の想像し得ることであろう。そのうえ私の家には東京に知人というものがまるでなかった。その頃は九月の入学であったが、叔父が紹介してくれた保証人に挨拶に行くという父と一緒に途中暴風雨のために東海道線が不通になったので、中央線を廻ってたくさんのトンネルを抜け、油煙と汗とに汚れて、飯田町の駅に降りた時の気持は今も忘れることのできないものである。後には次第に学校の友も出来たが、私の心は殆どつねに孤独であった。田舎者の私は、特に父の血をうけて、交際は甚《はなは》だ不得手であった。学校の寄宿舎で暮して、町に知った家がなかった私には、家庭生活の雰囲気に触れることも不可能であった。結局私は、東京に住むようになってからも、いつまでも孤独な田舎者であったのである。

こうした孤独には多分に青春の感傷があったであろう。孤独な青年が好んで趨《おもむ》くところは宗教である。むしろ宗教的気分というものである。宗教的気分は未《いま》だ宗教ではない。それは宗教とは反対のものでさえある。宗教的気分がつねに多かれ少かれ感傷的であるのに反して、宗教そのものは却《かえ》って感傷を克服して出てくるものである。自分で宗教的であると考えることそのことが既にひとつの感傷に過ぎぬ場合が如何《いか》に多いであろう。高等学校時代を通じて私が比較的たくさん読んだのは宗教的な書物であった。それも何ということなく、いろいろのものを読んでいる。キリスト教の本も読めば、仏教の本も読む。日蓮《にちれん》宗《しゅう》の本も読めば、真宗の本も読む、また禅宗の本を読むこともあるという風であった。そうして一種の宗教的気分に浸るということが慰めであるように感じられた。今にして考えると、青春の甘い感傷に属するに過ぎぬものが多い。もちろん私は甘さというものを一概に無価値であるなぞと考えるのではない。それはともかく十分に日本的であるということができるであろう。『聖書』は繰返して読んで、そのつど感銘を受けた本であった。しかし旧約の面白さがわかるようになったのは、ずっと後のことである。『聖書』は今も私の座右の書である。仏教の教典では浄土真宗のものが私にはいちばんぴったりした。キリスト教と浄土真宗との間には或る類似があると見る人があるが、そういうところがあると考えることもできるであろう。元来、私は真宗の家に育ち、祖父や祖母、また父や母の誦《ず》する『正信偈《しょうしんげ》』とか『御文章《ごぶんしょう》』とかをいつのまにか聞き覚え、自分でも命ぜられるままに仏壇の前に坐ってそれを誦することがあった。お経を読むということは私どもの地方では基礎的な教育の一つであった。こうした子供の時からの影響にも依るであろう、青年時代においても私の最も心を惹かれたのは真宗である。そしてこれは今も変ることがない。いったい我が国の哲学者の多くは禅について語ることを好み、東洋哲学というとすぐ禅が考えられるようであるが、私には平民的な法然《ほうねん》や親鸞の宗教に遥《はる》かに親しみが感じられるのである。いつかその哲学的意義を闡明《せんめい》してみたいというのは、私のひそかに抱いている念願である。後には主として西洋哲学を研究するようになった関係からキリスト教の文献を読む機会が多く、それにも十分に関心がもてるのであるが、私の落着いてゆくところは結局浄土真宗であろうと思う。高等学校時代に初めて見て特に深い感銘を受けたのは『歎異《たんに》鈔《しょう》』であった。近角常観先生の『歎異鈔講義』も忘れられない本である。本郷森川町の求道学舎で先生から歎異鈔の講義を聴いたこともある。近角先生はその時代の一部の青年に大きな感化を与えられたようであった。島地大等先生の編纂《へんさん》された『聖典』は、現在も私の座右の書となっている。

私のみではない、その頃の青年にはいったいに宗教的な関心が強かったようである。日本の思想界が一般に内省的になりつつある時代であった。中学時代の初めに興味をもって読んだ『冒険世界』というような雑誌がいつしか姿を消して、やがて倉田百三氏の『出家とその弟子』とか『愛と認識との出発』とかが現われて青年の間に大きな反響を見出すようになる雰囲気の中で、私は高等学校生活を経てきた。一高にも日蓮宗とか、禅宗とか、真宗とかの学生の会があり、私も時々出席してみたことがある。私の最も親しくするようになった宮島鋭夫に誘われて、或る夏私は彼と一緒に鎌倉の円覚寺の一庵に宿り、坐禅をしたこともある。一日禅坊を出て、宮島の知っている堀口大學氏が浄智寺に来ておられるというので訪ねたことがある。堀口氏に会うといつもあの頃のことを思い出すのであるが、まだ口にしないのである。恐らく堀口氏の記憶には残っていないことであろう。

六

私の文学熱はこうして冷めていった。中学を卒業する前、将来は文学をやろうと考えて、当時鹿児島県に移っておられた寺田喜治郎先生に手紙で相談し、先生からは勧めの返事を戴《いただ》いたのであるが、一高の文科に入ってからはそうした考えはむしろ薄らいでいった。私は文学に対しても懐疑的になっていた。弁論部に関心がなかったと同様、文芸部にも興味がなかった。一年生の時には却って一時剣道部に籍をおいたことがある。こうした私は芹沢《せりざわ》慎一氏——光治良氏の令兄——にひっぱられてボート部に入り、組選を漕《こ》ぐことになった。墨田川に行ってボートを漕ぐことは、運動は元来不得手であるにも拘《かかわ》らず、当時懐疑的になっていた私にとって一つの逃避方法であった。一緒に組選を漕いだ仲間で哲学方面へ行った者には、後に東北大学の宗教学の助教授にまでなって惜しいことに病に斃《たお》れてしまった寺崎修一がある。独法の我妻栄、三輪寿壮などの諸君もボートの関係で知り合いになった人々である。京都大学に入ってからも、私は文科の選手として琵琶湖《びわこ》や瀬田川でボートを漕いだことがある。

ともかく私の読書の興味の中心は次第に文学書から宗教書に移っていった。それは時代の精神的気流の変化の影響に依ることでもある。トルストイの『我が懺悔《ざんげ》』が文学青年の間にも大きな影響を見出すというような時代であった。これは私も感激をもって読んだ本である。私はいつのまにか『芸術とは何ぞや』におけるトルストイに共鳴を感じるようになっていた。彼の『人生論』なども感動させられた本である。私の場合かようなことは中学時代に耽読《たんどく》した徳冨蘆花の影響によって知らず識らず準備されていたといえるであろう。私も一時は或る種のトルストイ主義者であった。去年の夏、満洲を旅行した時、汽車の中へ岩波文庫版の『イワンの馬鹿』、『人は何で生きるか』というような当時愛読したトルストイの小品を持ち込んで久し振りに読み直してみたが、今度はそれほど深い感動を覚えることができなかった。私はそこに何か気取りに似たものを感じた。しかし老齢になってからもなお気取ることができたところにトルストイの偉さがあるのかも知れない。ルソオの『懺悔録』とか、アウグスティヌスの『告白録』とか、マルクス・アウレリウスの『省察録』とか、そういった種類の、或いは名前の本を私は好んで読んだ。哲学者ではショーペンハウエルとかニーチェとかの生の哲学が流行し、私もその影響を蒙《こうむ》った。和辻哲郎氏の『ニーチェ研究』とか『ゼーレン・キェルケゴール』とかは、当時の雰囲気を現わしている書物である。文学においても私はロシア文学に多く興味をもつようになり、殊にチェーホフの作品を愛読し『桜の園』の如きは幾度も繰返して繙《ひもと》いたものである。青年の間では華厳《けごん》の滝で自殺した藤村操《みさお》が始終話題にのぼるという時代であったのである。私なども本を読みながら本に対して全く懐疑的になり、自分の持っていた本を売り払ってしまうというようなことが一度ならずあった。

今私が直接に経験してきた限り当時の日本の精神界を回顧してみると、先ず冒険的で積極的な時代があり、その時には学生の政治的関心も一般に強く、雄弁術などの流行を見た――この時代を私は中学の時にいくらか経験した――が、次にその反動として内省的で懐疑的な時期が現われ、そしてそうした空気の中から「教養」という観念が我が国のインテリゲンチャの間に現われたのである。従ってこの教養の観念はその由来からいって文学的乃至《ないし》哲学的であって、政治的教養というものを含むことなく、むしろ意識的に政治的なものを外面的なものとして除外し排斥していたということができるであろう。教養の観念は主として漱石門下の人々でケーベル博士の影響を受けた人々によって形成されていった。阿部次郎氏の『三太郎の日記』はその代表的な先駆で、私も寄宿寮の消灯後蠟燭《ろうそく》の光で読み耽《ふけ》ったことがある。この流れとは別で、しかし種々の点で接触しながら教養の観念の拡充と積極化に貢献したのは白樺派の人々であったであろう。私もこの派の人々のものを読むようになったが、その影響を受けたというのは大学に入ってから後のことである。かようにして日本におけるヒューマニズム或いはむしろ日本的なヒューマニズムが次第に形成されていった。そしてそれは例えばトルストイ的な人道主義もしくは宗教的な浪漫主義からやがて次第に「文化」という観念に中心をおくようになっていったと考えることができるのではないかと思う。阿部・和辻氏等の雑誌『思潮』が出て、私もその愛読者の一人となったが、それが後に岩波の『思想』に変ったのである。

高等学校の最初の二年間は私にとっては内省的な彷徨《ほうこう》時代であった。二年生になる時学校の規則で文学を志望するか哲学を志望するかを決定しなければならなかったので、私は哲学と書いて出しはしたが、自分の心ではまだいずれとも決定しかねていた。私の気持がまとまって、はっきり哲学をやることに決めたのは三年生の時で、その頃から私の読書の傾向も変ってきた。

七

考えてみると、私の高等学校時代はこの前の世界戦争の時であった、「考えてみると」と私はいう、この場合この表現が正確なのである。というのはつまり、私は感受性の最も鋭い青年期にあのような大事件に会いながら、考えてみないとすぐには思い出せないほど戦争から直接に精神的影響を受けることが少くてすんだのである。単に私のみでなく多くの青年にとってそうではなかったのかと思う。そう考えると、日露戦争の時、戦争を知らないで研究室の生活を続けていた大学者があるという嘘のようなことも、十分あり得ることであったろうと思われる。私があの世界戦争を直接に経験したのは寧《むし》ろその後一九二二年ヨーロッパへ行った時である。これは現在の戦争とは全く様子が違っていることである。近代戦争というものはリアリスティックになっている。近代戦争のこの性質はあらゆる人をその中に引き入れて何人も圏外に立つことを許さないというところに率直に現われる。その意味においてそれは全くメカニカルな必然性をもっている。これに反して以前は戦争にしても有機的なものであった、或いはロマンティックであった。もちろん現在も戦争には何等かロマンティシズムが必要であろう。それにも拘らず近代戦争は本質的にリアリスティックなものである。近代戦争のこの性質について深く考えてみるのは極めて重要なことである。

　あの第一次世界戦争という大事件に会いながら、私たちは政治に対しても全く無関心であった。或いは無関心であることができた。やがて私どもを支配したのは却ってあの「教養」という思想である。そしてそれは政治というものを軽蔑《けいべつ》して文化を重んじるという、反政治的乃至非政治的傾向をもっていた、それは文化主義的な考え方のものであった。あの「教養」という思想は文学的・哲学的であった。それは文学や哲学を特別に重んじ、科学とか技術とかいうものは「文化」には属しないで「文明」に属するものと見られて軽んじられた。云い換えると、大正時代における教養思想は明治時代における啓蒙《けいもう》思想——福沢諭吉などによって代表されている——に対する反動として起ったものである。それが我が国において「教養」という言葉のもっている歴史的含蓄であって、言葉というものが歴史を脱することのできないものである限り、今日においても注意すべき事実である。私はその教養思想が擡頭《たいとう》してきた時代に高等学校を経過したのであるが、それは非政治的で現実の問題に対して関心をもたなかっただけ、それだけ多く古典というものを重んじるという長所をもっていた。日本における教養思想に大きな影響を与えたのはケーベル博士であって、その有力な主張者たちは皆ケーベル博士の弟子であった。かようにして私もまた一高時代の後半において比較的多く古典を読んだのである。ダンテの『神曲』とかゲーテの『ファウスト』など、むつかしくて分らないところも多かったがともかく一生懸命に読んだものである。ファウストはドイツ語の時間に今は亡くなられた三並良先生から教わったこともある。その試験にドイツ文でファウスト論を書けという課題が与えられたが、私はその中に出てくるワグネルという人物について論じた。それがよく出来ていたというので賞められ、そんなことから三並先生には特別に親しくして戴くようになったというようなこともあった。特に影響されたものというと、ニーチェの『ツァラツストラ』であったであろうか。後に単行本になった阿部次郎氏の『ツァラツストラ解釈』も『思潮』に出ていたころ熱心に読んだものの一つである。古典という観念に影響された私の読書の範囲も量も、その頃の私の貧弱な読書力からいって、勢い局限されざるを得なかった。日本の文学では、その頃から次第に読書階級の間に動かし難い地位を占めてきた漱石のものを比較的多く読んだように思う。これも当時の教養思想の有力な主張者たちの多くがまた漱石門下であったということにしぜん影響されたのであろう。ともかく高等学校時代、私は決して多読家乃至博読家でなかった。その時分私どもの仲間で読書家として知られていたのは蠟《ろう》山《やま》政道君であった。何でも蠟山君は、大隈《おおくま》重信が会長であった大日本文明協会というので出していた西洋の学術書の飜訳を全部読んでいるというような噂《うわさ》であった。今でも蠟山君を見ると、あの頃毎日学校の図書館へ通っていた姿が眼に浮んでくることがある。

その時代私の読書における一つのエピソードは、塩谷温先生――その御尊父青山先生から私どもは学校で漢文を習った――のお宅に伺って『資治通鑑《しじつがん》』を読むという小さな会に参加したことである。この会の中心は私より一級下の倉石武四郎君であった。倉石君は現在京大の支那学の教授であるが、先達て同君からその著書『支那語教育の理論と実際』という本を貰って、ふとこの読書会のことを思い出した。会員は倉石君のほか、松山高等学校にいる川畑思無邪君、東京の諸大学で印度《インド》哲学を講じている山本快龍君、そして私のクラスからは寺崎修一と私とが加わったように思う。私たちは一週一回、寮の夕食がすむと、小石川の塩谷先生のお宅まで歩いて行った。本読みがすむと、いつも焼芋が出て雑談になったのを覚えている。あの頃から倉石君は実によく漢文を読むことができた。おとなしいうちにも何か毅然《きぜん》としたものをもっている人であったが、その倉石君が近年漢文を返り点によって日本読みにすることに反対してそのまま支那音で読み下すべきことを主張し、支那語教育のためのレコードを作ったりなどしているのは、面白いことである。

読書会といえば、高等学校三年生の時、私が先に立って哲学の読書会を組織したことがある。ヴィンデルバントの『プレルーディエン（序曲）』の中の『哲学とは何か』を速水滉先生に願って読んで戴いたのである。会員は二十名くらいであったであろうか。その頃は世界戦争の影響でドイツ書を手に入れることができなかったので、謄写版刷りを作ってテキストにした。その時分私は大学に入ってから哲学をやることに決めていた。久しく迷っていた私にその決心をさせたのは西田幾多郎先生の『善の研究』であった。しかしそのことについては他の場所で書いておいたから、ここではもう繰返さないことにする。宮島鋭夫に連れられて桑木厳翼先生を初めてお訪ねしたのもその頃であった。宮島は後に東大の哲学科に入った、永い間病気ばかりしていてまことに気の毒であったが、昨年到頭死んでしまった。その通知を貰って後、桑木先生に会ったら宮島の話が出たので、あの時のことの記憶を新たにしたわけである。高等学校を卒業する前、彼から貰ったレクラム版のショーペンハウエルの全集は、私にとって貴重な記念である。当時宮島はショーペンハウエルに傾倒していた。彼ばかりではない、その時代の青年がたいていそういう風であったのである。

日本における哲学書の出版に新しい時期を劃《かく》した岩波の『哲学叢書《そうしょ》』が出始めたのは、その頃のことである。私なども紀平正美氏の『認識論』とか宮本和吉氏の『哲学概論』とか、分らないながら幾度も読んだものである。速水先生の『論理学』は、学校における先生の講義の教科書であった。つまり私の哲学の勉強は岩波の哲学叢書と一緒に始まったのである。高等学校の時、その方面で私がいちばん多く読んだのは心理学と論理学との本であった。大学へ行ってから哲学を専攻する者は高等学校時代には論理と心理とをよく勉強しておかねばならぬと私どもの仲間で一般にいわれていたので、その本を特に読んだわけであるが、それはまた私の場合速水先生の感化に依ることでもあった。一高の先生で私が最も多く影響を受けたのは速水先生である。先生の『現代の心理学』という本は私の熱心に繙《ひもと》いたものの一つであり、非常に善い本であったように記憶している。哲学を専攻する者は何でも原書で読む稽古をしておかねばならぬとまた私どもの仲間でいっていたが、その原書は、戦争のためにドイツのものが来なくなっており、主として英書を読まねばならなかった。そしてまた哲学はドイツに限るようにきかされていたので、英語のものを読むとすればしぜん心理や論理の本を読むということにもなったのである。当時の一高生はよく本郷から日本橋の丸善まで歩いて行ったものであるが、そうして買って読んだ本で、今も私の手許《てもと》に残っていて懐しいものに、ジェームズの『心理学原理』、ミルの『論理学体系』などがある。しかしその時代は何といっても我が国の思想界ではドイツの学問が圧倒的であった。心理学の方面でもヴントの名が最も喧《かまびす》しかった。私も速水先生の訳されたヴントの小さい心理学を初め、須藤新吉氏のヴントの『心理学』などを読み、また古本屋でヴントの『心理学綱要』の原書を見附けてきて勉強した。哲学の方面でもその頃からヴィンデルバントを初め新カント派の哲学が次第に一般の流行になりつつあった。或る時、三並先生を柏木《かしわぎ》のお宅に訪ねたら、哲学をやるにはカントを研究しなければならず、カントを研究するにはコーヘンのカント論を読まねばならぬといって、マントルピースの上に置いてあったコーヘンの三つのカント書を見せて下さった。そのような時代であったので、戦争のためにドイツの本が来なくなると日本の学問は衰えるというような論も行われた。そのことを公然と述べた人があってだいぶん問題になったこともあったが、たいていの学者は心中実際にそのように考えていたのではなかったかと思う。ともかく第一次世界戦争が私に直接の影響として感じられたのは、ドイツ語の本が手に入らないということくらいであった。現在では全く想像もできないようなことである。

八

大学生活の三年間、私は下鴨《しもがも》の同じ一つの下宿で暮した。それは蓼倉町《たでくらちょう》で、その頃はまだ附近に余り家が建っていなかったので、室を出ると直ぐ前に比叡山《ひえいざん》を見ることができた。九月のなかば初めてその下宿に行ったとき、葉鶏頭の鮮かな色が極めて印象的であったが、その家では毎年美しい葉鶏頭を作っていた。私はその下宿を「雁来紅《がんらいこう》の家」と自分ひとりで呼んでいた。今でも葉鶏頭を見ると、八田といったその下宿のことが思い出されるのである。同じ年京都の哲学科に入ったのは私と広島高等師範を出た林礼二郎（旧姓森川）との二人であったが、やがて森川も私の下宿に移ってきて、私と同様卒業するまでそこに留まった。私たちはたいてい一緒に加茂の森を抜けて学校へ通った。

大学時代に読んだもので最も大きな影響を受けたのは云うまでもなく西田幾多郎先生の著作である。ちょうど私の入学した年の秋『自覚に於ける直観と反省』が本になって出た。続いて先生は『哲学研究』誌上に多くの論文を発表してゆかれた。私は先生の書かれたものを読むと共に、その中に引用されている本をできるだけ自分で読んでみるという勉強の仕方をとった。あの時分の先生の論文の中には実にいろいろの書物が出てくるのであるが、私の哲学勉強もおのずから多方面に亙《わた》った。先生は種々の哲学を紹介されたが、ひとたび先生の手で紹介されると、どの本も皆面白そうに思われ、読んでみたい気持を起させた。かようにして私は、カントからヘーゲルに至るドイツ古典哲学を初め、バーデン学派やマールブルク学派の新カント哲学、マイノングの対象論、ブレンターノの心理学、ロッツェの論理学、等々、いろいろのものを読んでみることに心掛けた。アウグスティヌスやライプニッツの名も挙げておきたい。何を最も多く読んだかときかれるなら、私は二年生の時のリポートにライプニッツについて書き、卒業論文は『批判哲学と歴史哲学』という題でカントについて書いたので、この二人のものは比較的多く読んだといえるであろう。しかし何を特別に勉強したというほどのことはなく、ただ西田先生の後を追うていろいろの本を読んだというのが、大学時代三年間における私のおもな勉強であった。かようにして読んだ本のうちでも何か深く影響されたものがあるとすれば、それは新カント派の哲学であった。しかしそれも、意識的にではなく、むしろ知らず識らずそういうことになっていたのである。或る時の哲学会の例会で、私どもの先輩であった土田杏村《きょうそん》氏が話をされた後で、私は質問をした。何の問題であったか記憶していないが、土田氏と私との議論になってしまい、なかなか終りそうになかった。そこで土田氏が、会に出ていられた西田先生を顧みて「先生、どうですか」と尋ねると、先生は「君の考えは現象学のようなもので、三木の考えは新カント派のようなもので、どちらが宜いか、むつかしい問題だ」という意味のことを答えられた。先生からそう言われて初めて私は自分の考えが新カント派的であることに気附いて、いつのまにか深くその影響を受けていたのにむしろ驚いたことである。

私がかように新カント派の影響を受けたのは、高等学校の時の読書会でヴィンデルバントを読んだことが素地をなしていたであろうが、その時代の我が国の哲学の一般的傾向にも関係があったであろう。既にいった如く私が大学に入学した大正六年は、西田先生の劃期的な書物『自覚に於ける直観と反省』の現われた年であるが、やはりその年に桑木厳翼先生の名著『カントと現代の哲学』が出ている。これはカント哲学への入門書として私の熱心に読んだ本であった。その前年には朝永三十郎先生の名著『近世に於ける「我」の自覚史』が出ている。私は一高にいてこの本を感激をもって読んだのであるが、その立場は新カント派である。そしてやはり大正六年の暮にはリッケルトの弟子であった左右田《そうだ》喜一郎先生の名著『経済哲学の諸問題』が出ている。これも私には忘れられない本である。左右田博士の影響によって、その頃から我が国の若い社会科学者、特に経済学者の間で哲学が流行し、誰もヴィンデルバント、リッケルトの名を口にするようになった。日本における新カント派の全盛時代であった。

私は左右田先生の本を読んで、哲学が広く他の諸科学に交渉をもたねばならぬことを考えるようになった。経済学者などの書くものに私が注意を向けるようになったのはその時以来のことである。当時そうした本で最も印象に残っているのは、小樽《おたる》高等商業学校の教授で、その才を惜しまれつつ若くして亡くなった大西猪之介氏の『囚《とら》われたる経済学』である。後に左右田博士の斡旋《あっせん》で『大西猪之介経済学全集』が出た時、私も求めて所蔵している。左右田先生は、私が大学院にいた頃、京都に講義に来られたことがあるが、その時初めて先生にお目にかかり、その学問に対する純粋な愛に深く打たれた。その後私はドイツに留学した時、リッケルト教授のゼミナールに出席し、左右田博士のリッケルト批評について報告したことがあるが、リッケルト教授も左右田博士も共に喜ばれた。そんなことから左右田先生とつながりができ、先生が亡くなられて後にも、先生の愛弟子《まなでし》であった本多謙三君と親しくしていたが、その本多君も前途を嘱目されつつ先年亡くなってしまったのは惜しいことである。ところがまた私は、やはり先生の愛弟子である杉村広蔵君の隣に住み、親しく交るようになったというのも、左右田先生につながる因縁であろうか。

九

京都大学の諸先生からはいずれもいろいろ影響を受けたが、中にも私が入学したのと同じ年に波多野精一先生が東京から宗教学の教授になって来られたのは、私にとって仕合せなことであった。先生の名は『西洋哲学史要』、『スピノザ研究』、『キリスト教の起源』などの著書を通じて知っていたが、その頃先生の思想も新カント派に近かったようである。先生は最もプロフェッサーらしいプロフェッサーであった。私は先生から歴史研究の重要なことについて深く教えられた。また西洋哲学を勉強するにはそのいわば永遠の源泉であるギリシア哲学とキリスト教とをぜひ研究しなければならぬということを諭《さと》されたのも先生であった。その影響で私はギリシア語の勉強を始め、辞書と首引きでプラトンを読んだり、またキリスト教の文献に注意するようになった。これまでの自分を振返ってみると、私は考え方の上では西田先生の影響を最も強く受け、研究の方向においては波多野先生の影響を最も多く受けていることになるように思う。私の勉強が歴史哲学を中心とするようになったこと、或いはアリストテレスなどの研究に興味をもつようになったこと、またパスカルなどについて書くようになったことは、その遠い原因は波多野先生の感化にあるといえるであろう。

二年生の時、田辺元先生が東北から京都へ来られたことも、私の成長にとって重要なことである。ドイツ観念論の哲学について理解を深めることができたのは先生のおかげである。私は先生に就いて自分の考えを鍛えて戴《いただ》いた。今は亡き深田康算先生からは更に別の影響を受けた。深田先生はケーベル博士の伝統を最も純粋に継がれた方で、私は先生において真の教養人に接することができた。その頃先生は特にフランスのものに興味を持たれていたらしく、お訪ねすると、テーヌとかアナトール・フランスとかジョルジュ・サンドとか、フロベールとか、ブリュンティエールとか、いろいろフランス人の話が出るのがつねであった。その時分、私の読書の範囲は主としてドイツの哲学書であって、広くフランスのものにまで手が廻らなかったが、フランスの文学や思想に憧憬を感じ、外国に留学した時にもパリに行くことを考えたのは、深田先生の感化に依ることである。

私の青年時代は日本の文学や思想において自然主義に対する反動もしくは自然主義の克服としてヒューマニズムが現われた時代であった。私はその流れの中で成長したのである。このヒューマニズムというものの意味は広く、種々の形をとって現われた。そして私はそのすべてから多かれ少かれ影響を受けた。

それは先ず教養という観念を作り出した。その方向において私は高等学校のとき阿部次郎氏の著書から影響されたが、大学時代になると、波多野先生や深田先生の講義、特にその談話とその人格から大きな感化を受けた。両先生のお宅へはしばしば伺ったが、いつも親しく寛《くつろ》いでいろいろ話をして戴くことができたのは私の学生生活における楽しい思い出である。

次にこのヒューマニズムは一層宗教的な形をとって現われた。西田天香氏の一燈園の運動とか倉田百三氏の文学がそれである。私もその影響を受けたが、私にとってはその影響は一時的であった。

第三の方向は白樺派で、武者小路実篤氏の新しい村の運動がある。私の友人でやはり京都の哲学科に来ていた一高出身の谷川徹三、日高第四郎、学習院出身で美学を専攻していた園池公功等は白樺派の人々に接近していたので、私も誘われて、新しい村の講演会を聴きに行ったこともある。武者小路氏の文学は以前から好きで読んでいた。有島武郎氏がホイットマンを頻《しき》りに言われていたのもその頃で、有島氏はその時分京都の同志社大学にときどき来て講義をされていた。谷川等に誘われて有島氏の宿を訪ねたこともある。私も一時は有島氏の熱心な読者であった。やはり一高から来ていた小田秀人も白樺派に傾倒していた。有島氏に接近していた人に更に一高から来て京都の経済科にいた八木沢善次があった。その頃有島氏は次第に人道主義的社会主義に移りつつあったが、京都の経済科の河上肇《はじめ》博士はもと伊藤証信氏の無我愛に熱中されたことがあるというが、その頃はまだ人道主義的社会主義を多く出なかったようである。いずれにしてもヒューマニストの関心が社会問題に移っていったのは注目すべきことであった。

第四に、このヒューマニズムの傾向は学究的な人々の間で「教養」という観念から「文化」という観念に変り「文化主義」などという言葉もできた。新カント派の価値哲学、文化哲学がその基礎になったのであって、桑木先生とか左右田先生とかがその代表者であった。その頃「文化住宅」とか「文化村」とかいう、大正時代の一つの象徴である安価な文化主義が、哲学者たちの意図とは別に、流行になっていた。

思想の方面においてはヒューマニズムの流れは更に別の方向をとって存在していた。新カント派が全盛になる以前、広く流行したオイケン、ベルグソンの「生の哲学」がそれであったと見られるであろう。生の哲学の流れは新カント派が隆盛を極めてからも我が国には根強く存在していたのであって、西田先生の哲学などもそれに属するといい得るであろう。

私自身はその頃どちらかというと学究派であった。オイケン、ベルグソン時代にも私はその圏外に立っていた。しかし私は西田先生の影響を通じて生の哲学につながっていた。ベルグソンは学校の演習で西田先生から『創造的進化』を習ったのを初め、その著書を読んだが、オイケンのものは殆ど何も読まないでしまった。ベルグソンの面白さは近年になって分るようになったが、オイケンはその後も殆ど読まず、読み始めても中途でやめてしまった。一高から京都へ来た私の友人には、谷川徹三、林達夫、小田秀人など、文学派が多かった。尤《もっと》も林は少し違っていて、深田先生や波多野先生等の教養を理想としていたようであったが、谷川や小田は思想的にも生の哲学に属していて、私も或る程度それに影響された。大学三年生の時、私は一年近くかなり熱心に詩を作ったことがある。生の哲学の方面で私が最もよく読んだのはジンメルであった。彼の哲学が文化哲学や歴史哲学に最も多く触れているためであった。

一〇

大正九年、大学を出ると、私は大学院に籍をおいた。私の研究のテーマは歴史哲学であった。元来私は歴史は好きであったが、そのころちょうど日本の歴史学にも活潑な動きが認められ、私の研究もそれに刺戟《しげき》された。この動きは私の眼には二つの方向に現われた。その一つはいわゆる政治史から文化史への動きである。ドイツの史学界で盛んに闘わされた「政治史か文化史か」という議論は日本にも移され、歴史の新しい方向及び方法として、政治史に対する文化史が主張された。中にも和辻哲郎氏の活動が私ども一般の青年には際立って見えた。ランプレヒトの『近代歴史学』が和辻氏によって飜訳されて現われた。それは私の卒業の前年の晩秋のことで、自動車事故のため松山病院というのに入院していた時、見舞に来て下さった田辺元先生からその新刊の本を戴いたので、私は今でもよく記憶している。和辻氏の著書『古寺巡礼』（大正八年）や『日本古代文化』（大正九年）は新鮮な印象によって広く読まれたが、私も興味深く感じた。しかしその頃京都大学で内田銀蔵先生が専門家として日本経済史その他の方面で立派な仕事をしていられたのにあまり注意しないでいたことを、私は後悔している。第二の動きは世界史への方向である。これは私には一層影響の多いものであった。特に坂口昂先生の『世界に於ける希臘《ギリシア》文明の潮流』（大正六年）は私にとって忘れ難い書物である。先生の『概観世界史潮』が出たとき、私は『哲学研究』に紹介を書いたのを覚えている。大学院の学生として、先生のルネッサンス時代のイタリア史の講義を聴いたことも一つの思い出である。私はまた波多野精一先生から世界史的な見方について多くを学んだ。当時京大の文科には内田先生や坂口先生のほか、内藤湖南、原勝郎、三浦周行等の諸先生がいられて、まさに史学科の全盛時代であった。自分の専攻していた学科にも依るが、坂口先生以外、直接に就いて学ぶことをしなかったのは、惜しいことであったと思う。近来それら諸先生の著書を繙《ひもと》く機会のあるたびにその感を深くするのである。

その頃日本の哲学界においても次第に歴史哲学の問題が関心され始めていた。これは主としてヴィンデルバント、リッケルト等の新カント派の影響に依るものである。従って当時歴史哲学として問題にされたのは、主として歴史的認識に関する方法論、認識論の形式的論理的問題であって、ヘーゲルが考えたような世界史の哲学としての内容的な歴史哲学ではなかった。ディルタイの仕事の意味なども、まだ一般には十分に認識されてはいなかった。私も新カント派に導かれて歴史哲学の研究に入ったのである。ヴィンデルバントの『プレルーディエン』、リッケルトの『自然科学的概念形成の限界』や『文化科学と自然科学』などから始めて、ジンメルの『歴史哲学の諸問題』等、またトレルチのやがて『歴史主義とその諸問題』に収められた論文を雑誌で探して、勉強した。特にトレルチのものが身になったように思う。その時分メーリスの『歴史哲学教科書』が評判になって、読みたいと思い、学校の研究室へ借りに行ったが、いつも誰かが既に借り出していて見ることができず、だいぶん経ってから、外国に注文しておいたのがやっと手に入って、読んでみるとそのつまらないのにがっかりしたことがある。評判の本が必ずしも善いとは限らない一つの例である。評判になるというにはいろいろ理由があるので、内容の質にばかり依らないのである。ディルタイの『精神科学概論』も読んでみたいと思いながら、絶版になっていて、なかなか見ることのできなかった本であった。後にドイツに留学した時、ベルリンで初めて本屋を覗《のぞ》いたとき、この本の新版が出ているのを見附けて無性に嬉しくなり、ホテルの一室で読み耽《ふけ》ったことを今思い出すのである。歴史家の書物では、その時分、ランプレヒト、ブルクハルト、ランケなどの諸著を繙いた。

日本に於ける新カント主義は、日本の社会の現実の事情に相応して、特殊な性質のものであった。純粋な新カント派といい得るのは、経済学者で哲学者そして銀行家であった左右田喜一郎先生くらいであろう。そのほかなお桑木厳翼、朝永三十郎の両先生を純粋な新カント主義者に加え得るであろうか。一般には、新カント派を通じてカントに還ることによって同時にカント以後のいわゆるドイツ浪漫主義の哲学に結び附くという傾向が濃厚であった。言い換えると、新カント派の認識論的立場に止まらないで形而上学《けいじじょうがく》に行くという傾向が常に根強く存在していたのである。これは、社会的に見ると、日本においては資本主義とか自由主義とかが純粋に発達しなかったといわれる事情に相応すると考えることができるであろう。ともかく私自身、歴史哲学の研究においても、新カント派から出発して、フィヒテ、シェリング、ヘーゲルなどのドイツ浪漫主義の哲学に進んでいった。シェリングの哲学には特別の親しみを感じていた。シュライエルマッヘルの『宗教的講演』や『独語録』は感激をもって読んだ。そこに青春の浪漫的心情の満足を求めようとしたということもあったであろう。

しかしその頃、私が学園で平和な生活を送っている間に、外の社会では大きな変動が始まっていた。あの第一次世界戦争を機会として日本の資本主義は著しい発展を遂げたが、私の大学を卒業した大正九年は、それが未曾有《みぞう》の大恐慌に見舞われた年として記憶される年である。このような変化に応じて思想界にも種々新しい現象が現われた。大正七年の末、東大には新人会という団体が出来た。『改造』――すでにこの名が当時の社会にとって象徴的である――が創刊されたのは大正八年のことであったと思う。同じ年にまた長谷川如是閑《にょぜかん》、大山郁夫氏等の『我等』が創刊されている。主として『中央公論』によった吉野作造博士の活動が注目された。これらの雑誌は私も毎月見ていたので、或る大きな波の動きが私にもひしひし感じられた。京都はまだ比較的静かであったが、『貧乏物語』で有名になられた河上肇博士が次第に学生たちの注意を集めていた。

このような動きに対して私は無関心ではなかったが、その中に入ってゆく気は生じなかった。また一燈園や「新しい村」の運動にも十分に興味がもてなかった。私はなお数年間、いわば嵐の前の静かな時を過したのである。当時私は古典派乃至《ないし》教養派であり、ギリシア悲劇など頻りに読んでいた。グロートの『ギリシア史』を繙き、ブルクハルトの『伊太利文芸復興期の文化』を読み、ダンテとかリオナルド・ダ・ヴィンチとかに心を惹《ひ》かれていた。そういう点で私は林達夫と最も馬が合った。京都時代を通じて文学書のうち私の最も熱心に読んだのは詩であったであろう。その頃有島武郎氏等の影響でホイットマンが流行していたが『草の葉』は私にも忘れられない詩集である。ヴェルレーヌ、ボードレール、ヴェルアーランなど、ゲーテやハイネなど、みな好きであったが、私の特に愛したのはジャムであった。日本の詩人では、白樺派の影響もあったであろう。千家元麿《せんけもとまろ》が好きであった。先達て東北へ旅行した時、改造文庫の『千家元麿詩集』を車中に携え『車の音』などという詩を読んで、あの頃のことを懐しく想い起した。宗教書はいつも何か読んでいたが、当時最も深い感銘を受けたのは、フランチェスコの『小さき花』である。ヨルゲンセンのフランチェスコ伝を訳した久保正夫氏――天随氏の令弟――が東京から京都の大学院へ移って来て、私たちの仲間に加わったが、その久保氏も既に亡き人である。

大学を卒業すると同時に私は下鴨から北白川に下宿を変えた。その北白川の下宿に、その頃『改造』の特派員として京都に滞在していた浜本浩氏がよく訪ねて来た。雑誌に原稿を書けということであったらしかったが、私は貧乏をしていたけれども、そのような気持はなく、浜本氏も強いて主張しなかった。原稿を書いて銭にするというような考えは私にはなかったが、これは私ばかりでなく、あの頃の学徒はたいていそうであったので、近頃とは世の中も青年学徒の考え方もよほど違っていた。北白川の下宿に訪ねて来た人で忘れられないのは三土興三――忠造氏の令息――である。三土は非常な秀才で、人間としてもなかなか変っていて、私はその将来の畏《おそ》るべきことを感じた。その三土が後に大村書店から出た『講座』という雑誌にキェルケゴール論を書いたきりで自殺してしまったのは惜しいことであった。

既にいった如く、東京では新しい時代が活潑に動いていたが、京都はまだどこかのんびりしたところがあった。ベートーヴェン通をもって任じていた久保氏が来てから、私たちの仲間では音楽を語ることが盛んになった。日高第四郎君なども非常なベートーヴェン崇拝者であった。そうした影響で、私はロマン・ローランの『ベートーヴェン』を読んでこの作家に親しむようになり、その『ミケランジェロ』や『トルストイ』を読み、更に『ジャン・クリストフ』に手を着けた。ベートーヴェンで思い出すのは、ハイデルベルクの初めの下宿の主婦がドイツ語の勉強のために紹介してくれたドクトル――その名は忘れてしまった——がまたベートーヴェン研究の専門家で、ドイツ語の稽古にベートーヴェンの文章を使用するという、いささか無法なことをするほどベートーヴェンに熱中していたことである。しかしそのおかげで買ったベートーヴェンの手紙や文章、同時代人の記録を編《へん》輯《しゅう》したアルベルト・ライツマンの二巻の『ベートーヴェン』は、今も私は愛蔵している。ベルリオーズの書簡なども、久保氏の勧めで当時面白く読んだものである。久保氏は私たちの仲間で博識家として知られていたが、私がフランスの書物を多く読むようになったのは、深田康算先生とこの久保氏との影響であった。あの頃読んだもので特に思い出すのはポール・グゼルの録したロダンの言葉である。後に叢文閣から高村光太郎氏の編訳で『ロダンの言葉』、『続ロダンの言葉』が出た時、私は早速求めたが、当時を思い出したためである。フロベールの書簡は、深田先生が、お訪ねすると、いつも面白いと話されるので、私も読んでみたが、なるほど面白かった。深田先生はまた、アナトール・フランスが好きであったようで、お訪ねするとやはりその話がよく出たものである。その頃私の見たのは『エピクロスの園』くらいであったが、後にパリの下宿で一時アナトール・フランスのものばかり読み耽ったことがあるのは、深田先生の話がいつか私の頭に染みていたせいもあるであろう。その下宿は知らずしてアナトール・フランスの家の近くにあったが、ちょうど私のパリにいた時に彼は死んで、私は安倍能成氏と一緒にその葬式に行った。何かの因縁というものであろうか。そういうわけで、今は亡き深田先生のことを思い出す場合、アナトール・フランスを聯想《れんそう》することが多いのである。
私の生涯にもやがて新しい変化が来た。学校を出てから二年間、大谷大学、ついでまた龍谷《りゅうこく》大学で哲学の講師をしていた私は、外国へ旅立ったのである。

一

外国で暮した三年間は、私のこれまでの生涯において最も多く読書した時期であった。その間、私はあまり旅行もしないで、殆ど本を相手に生活した。留学は私にとって学生生活、下宿生活の延長に過ぎなかった。幸いなことに――この言葉はここでは少し妙な意味をもっている――私はまた当時思う存分に本を買うことができた。ドイツにおけるあの歴史的なインフレーションのおかげで私たちは思い掛けなく一時千万長者の経験をすることができたのである。先日も私はラテナウの『現代の批判』という本を読みながら、初めてドイツに入った日のことを想い起した。マルセーユからスイスを通り、途中ジュネーヴを見物して、ドイツに入ったその日、私たちは汽車の中で見た新聞によってラテナウが暗殺されたことを知ったのである。私たちというのは船の中で知り合った四五人の仲間で、その中にはブルーノ・タウト氏の弟子となった若い建築家上野伊三郎がいた。(上野の名は岩波新書の『日本美の再発見』におけるタウト氏の文章の中に出てくるから読者の中には記憶されている方もあろう)。今手許《てもと》にあるヘルデルの百科辞書を開いてみると、ラテナウは一九二二年六月二十四日ベルリンで「ユダヤ人並びに〝Erfüllungspolitiker〟(ヴェルサイユ条約履行主義の政治家という意味)として国民社会主義の行動派によって暗殺された」とある。ラテナウ暗殺事件以来マルクは急速に下落を始め、数日後には既に英貨一ポンドが千マルク以上になった。やがてそれが一万マルク、百万マルク、千万マルクとなり、遂には一兆マルクになるというような有様で、日本から来た貧乏書生の私なども、五ポンドも銀行で換えるとポケットに入れ切れないほどの紙幣をくれるのでマッペ(鞄《かばん》)を持ってゆかねばならないというような状態であった。ハイデルベルク大学の前にワイスという本屋がある。講義を聴いての帰り、私はよく羽仁五郎と一緒にその本屋に寄って本を漁《あさ》った。それは私ども外国人にとっては天国の時代であったが、逆にドイツ人自身にとっては地獄の時代であったのである。その頃ドイツには日本からの留学生が非常に多くいた。私の最も親しくなったのは羽仁であったが、私と同時に或いは前後して、ハイデルベルクにいて知り合った人々には、大内兵衛、北昤吉、糸井靖之(氏は遂にハイデルベルクで亡くなった)、石原謙、久留間鮫造、小尾範治、鈴木宗忠、阿部次郎、成瀬無極、天野貞祐、九鬼周造、藤田敬三、黒正巖、大峡秀栄、等々、の諸氏がある。

私がハイデルベルクに行ったのは、この派の人々の書物を比較的多く読んでいたためであり、リッケルト教授に就いて更に勉強するためであった。リッケルト教授はハイデルベルクの哲学を代表し、その講義は嘗《かつ》てヘーゲルが、クーノー・フィッシェルが、ヴィンデルバントが講義したことがあるという由緒のある薄暗い教室で行われた。――リッケルトに『ドイツ哲学におけるハイデルベルクの伝統』（一九三一年）という講演の出版されたものがある。――リッケルト教授には自分の家を離れると不安を感じるという一種の神経性の病気――学生たちはたしか"platzangst"と称していた――があるということで、大学へはいつも夫人と書生のようにしていたアウグスト・ファウスト氏とが附き添って馬車で来られた。私は教授の著書は既に全部読んでいたので、その講義からはあまり新しいものは得られなかったが、この老教授の風貌に接することは哲学というものの伝統に接することのように思われて楽しかった。リッケルト教授のゼミナールは自宅で行われた。私はそのゼミナールで左右田喜一郎先生のリッケルト批評について報告したが、教授も左右田先生のことはよく記憶しておられたので、嬉しそうであった。タイプライターで打って貰っておいたその報告を今は失ってしまったのは残念なことに思う。リッケルト教授のゼミナールにはいつもマックス・ウェーベル夫人が出席していられたが、その時のゼミナールの台本として用いられたのは、ちょうど新たに出版されたウェーベルの『科学論論集』であった。

ハイデルベルクにいた一年あまりの間に私が最もよく勉強したのはマックス・ウェーベルとエーミル・ラスクとであった。ラスクの弟子でその著作集の編纂者《へんさんしゃ》であり、後には日本へ来て東北大学で教鞭《きょうべん》を取り、『日本の弓術』という本を土産にして今はドイツに帰っているオイゲン・ヘリィゲル氏から私はラスクの哲学を学んだ。私がハイデルベルクにいた時、氏は初めて講師となって教壇に立ったが、前の大戦――この戦争においてラスクは斃《たお》れたのである――に従軍したという氏の顔には深い陰影があった。私はヘリィゲル氏のゼミナールでボルツァーノについて報告した。この報告はやがて筆を加えて『思想』に発表した。その時分ボルツァーノの本は絶版になっていて手に入らなかったので、私はリッケルト教授の宅に保管されていたラスクの文庫からその本を借り出して勉強したことを覚えている。ヘリィゲル氏はその頃ハイデルベルクにいた哲学研究の日本人留学生の中心であった。氏を中心として大峡氏や北氏の下宿で読書会が開かれていたが、私もつねに出席した。かようにしてヘリィゲル氏に読んで貰った本の中に、ヘルデルリンの『ヒュペリオン』がある。ヘルデルリンはあの大戦後ドイツの青年たちの間に非常な勢で流行していたのである。しかし私が当時彼等の精神的雰囲気を作っていたヘルデルリンを初め、ニーチェ、キェルケゴール、ドストイェフスキーなどに深い共感をもって読み耽るようになったのは、マールブルク大学に移って、ハイデッゲル教授について学ぶようになってからのことである。ハイデッゲルの哲学はそのような「戦後不安」の表現であった。その後ハイデッゲルは、ヘルデルリンに基いて文学を論じている（『ヘルデルリンと詩の本質』一九三六年）。ハイデルベルクにいた頃、私は日本を出てまだ間もないことで、京都以来の論理主義を離れず、カントやゲーテのドイツ以外のドイツを深く理解することができなかった。ハイデルベルクにはリッケルト教授と並んでヤスペルス教授がいて、ニーチェやキェルケゴールを講義していたが、私は二三度出席してみただけであった。リッケルトがヤスペルスなどを批判している『生の哲学』（第二版一九二二年）を読んで別に共鳴したわけでもなかったが、ヤスペルスの『世界観の心理学』（第二版一九二二年）を読んでもその面白さは分らなかった。ヤスペルスの哲学の面白さを教えられたのも、やはりマールブルクへ行ってからのことである。要するに私のハイデルベルク時代は哲学的には京都時代の延長であった。私の集めた本にも論理学や方法論に関するものが多かった。

ハイデルベルクの教授でその講義を聴いたのは、リッケルトのほかにエルンスト・ホフマン教授である。哲学以外では、グンドルフの講義に数回出てみたことがある。ホフマン教授はディールスの弟子で、プラトン研究家として知られていた。私はホフマン教授の論文を訳して『思想』に載せたことがある。当時ドイツのインテリゲンチャはインフレーションのために生活が窮迫していたので、いくらかでも原稿料が入れば宜かろうと思って、私はその論文を教授に依頼したのであった。そんな状態であったので若いドクトル連中は皆喜んで日本人のために個人教授をした。ヘリィゲル氏の場合もそうであったが、同じように私が本を一緒に読んで貰った人に、後にやはり日本へ来て大阪高等学校で教鞭をとっているシンチンゲル氏がいる。氏はカッシーレルの所からハイデルベルクに移ってきたということであったが、たしかホフマン教授の紹介で、私はプラトンを読んで貰った。更にヘーゲル全集を出してその名が広く知られるようになったヘルマン・グロックネル氏がある。氏はその頃リッケルト教授のところに下宿していたようであった。私は羽仁と一緒に氏からヘーゲルの『精神現象学』を読んで貰った。やはり羽仁と一緒に講義をして貰った人にカール・マンハイム氏がある。マンハイム氏は後に日本へ来て東大の経済学部で教えたことのあるレーデレル教授の仕事を手伝っていた。この人がやがて『イデオロギーとウトピー』という著述によって知識社会学の方面において有名になった。私はこの人から初めてマックス・シェーレルの知識社会学の話を聞いたのであるが、当時その重要性を理解することができなかった。マンハイム氏などの仕事に私が興味をもつようになったのは日本へ帰って来てからのことである。あのドイツにおけるユダヤ人追放の事件を初めて知った時、私はまっさきに思い起したのはマンハイム氏のことであった。そのほか私が本を読んで貰った人に、そのとき『現象学と宗教』という論文で講師の地位を得たウィンクレル氏がある。氏はウォベルミンの弟子であった。

このようにして私たちは若い学者をいわば家庭教師にして勉強することができた。これも全くインフレーションのおかげであった。ドイツ人の不幸は私ども留学生の幸福であった。今日わが国においてインフレーションの危険の語られるのを聞くたびに、私はあの頃のことを考え、当時のドイツのインテリゲンチャの表情をまざまざと思い浮べるのである。

一二

私の書斎には今マールブルクの町を描いた小さいエッチングが懸っている。これはそこの或る大学生が内職に作って売っていたのを求めてきたのであるが、当時のドイツの学生の多くがどのような経済状態にあったかを想い起させる材料である。ハイデルベルクで一年余を過した私は、マールブルクへ行った。あの関東大震災を大きく取扱った新聞記事に驚かされた時には、私はまだハイデルベルクにいた。その日阿部次郎氏を訪ねて、そのことについていろいろ話したのを覚えている。ハイデルベルクで知り合った誰彼に別れて、私はマールブルクへ行った。この小さい町で多分一人で暮さねばならないだろうと思って出掛けたが、ここでも私は日本から来た留学生の誰彼を見出した。当時はそのようにドイツのたいていの大学町には日本人留学生が多数にいたのである。マールブルクで知った人々には、大谷大学の鈴木弘氏、立正大学の守屋貫教氏、九州大学の四宮兼之氏、今は文部省にいる長屋喜一君があり、やがて山下徳治君が来た。

その頃マールブルクへ行った人々は、哲学の方面ではニコライ・ハルトマンとハイデッゲル、宗教学の方面ではオットーを目差していた。守屋氏や鈴木氏は『聖なるもの』の著者として世界的に有名になったオットー教授を中心としていられたようであり、四宮氏や長屋君はハルトマン教授を目的としていられたようであり、私自身はハイデッゲル教授を目標としていた。というのは、ちょうど私がマールブルクへ行った学期に、ハイデッゲル教授はフライブルクからマールブルクへ招聘《しょうへい》されたので、私は主として氏に就いて学ぶためにハイデルベルクから転学したのであった。教育学の研究を目的としていた山下君はナトルプ教授やイェンシュ教授に就いていた。私はナトルプの著書は京都にいた頃いくつか読んで敬意を払っていたが、その講義には山下君に誘われて二三度出てみたきりであった。その時の講義はやがて『実践哲学講義』として出版されたものと同じ内容であったように記憶する。ナトルプ教授の蔵書が成城高等学校に所蔵されるようになったのは山下君の斡旋《あっせん》によるものである。私が大切にしているデカルトの肖像も、もとナトルプ教授に属していたもので、或る関係から私の手に渡ったものである。

マールブルクに落着くと、私はすぐハイデッゲル教授を訪ねた。その時のことについては、嘗《かつ》て『ハイデッゲル教授の想い出』という短文の中で書いておいた。この訪問において私はアリストテレスの研究を勧められ、ガダマルというドクトルを紹介された。こうして私はガダマル氏の家に通ってアリストテレスを読んで貰うことになった。それは『形而《けいじ》上学《じょうがく》』と『ニコマコス倫理学』との中からであった。ハイデッゲル教授のゼミナールでもアリストテレスの『自然学』がテキストに用いられた。なおそのゼミナールで使われた他の書物はフッサールの『論理学研究』であった。教授はフッサールの著書ではこの書物を『純粋現象学及び現象学的哲学考案』よりも重んじていられたようである。これは、一つの思想をその根源的な発現における関心から解釈しようとする教授の哲学的方法にもとづくものである。そんなわけで、私はまた教授の紹介でレーヴィット氏の家に通って、フッサールの『論理学研究』を講釈して貰った。レーヴィット氏は、後にマールブルク大学の講師となったが、ユダヤ人であるというので危険を感じ、日本に来て東北大学で教えていたが、ロックフェラー財団の援助によって、日米間の緊張を予感しつつこの春アメリカへ渡ってしまった。氏はそれ以前にやはりロックフェラー基金によってイタリアへ行っていたことがある。レーヴィット氏と同じ家に住んでいた青年マルセール君というのがあった。どこで覚えてきたのか、碁を知っていて、私にたびたび相手を命じた。好い若者であった。マルセール君もやはり今はニューヨークにいるそうである。今日の国際情勢を眺めて、私はよくこの二人の運命について考えさせられるのである。

ハイデッゲル教授は、その講義の時にも、その演習の時間においても、哲学の古典的著作を抱えて来て、そのテキストの或る部分を解釈するというのがつねであった。それにはデカルトがあり、カントがあり、アウグスティヌスやトマスなどがあった。私の聴いた講義の中では特にデカルトの『省察録』がよく取扱われた。そのために私もこの本を精読することができた。アウグスティヌスの面白さは西田先生からきかされていたが、ハイデッゲル教授の講義によって興味を唆《そそ》られ、私もその哲学的論文をラテン語の辞書を頼りに読んでいた。それを知って、下宿していた家の主人が私のためにアウグスティヌスの『告白録』を一緒に読んでくれた。私は牧師の家に下宿していたのである。ティンメという人で、二三の著書もあり、ルーマニアあたりまで講習に出掛けるということであった。どういうものか私は宗教に縁があって、ハイデルベルクでは石原謙氏の後を継いで、レンメという老教授の家に下宿していた。アウグスティヌスを少し深く勉強してみたいと思って、その頃パリに移っていられた小尾範治氏に頼んで、ミーニュ版の中の『三位一体論』などを送って貰ったこともある。考えてみると、マールブルクにいた間は、意識してやったことではないが、これまで私の最も多くキリスト教的著作を繙いた時であった。ティンメ一家はハイレル一家と親しく、しぜんハイレル教授の話の出るのを聞くことが多く、私も既に京都にいた時波多野先生から教授の著書について教えられていたので、教授の『カトリチスムス』とか『祈禱《きとう》』とかを読んでみた。ハイデッゲル教授の時間に、学生にまじっていつも講義を聴いている脚の悪い一人の紳士があった。「あれがブルトマンだ」と学生の一人が私に教えてくれた。ブルトマン教授は思想的には弁証法的神学とつながりをもっているが、ハイデッゲルの哲学にはまたこのものに通ずるところがある。びっこをひきながら教室へ入って来て、熱心に同僚の講義を聴いているブルトマン教授の面影が今の私の眼に浮んでくる。その後出版された教授の『イエス』という書物を私は深い感銘をもって読んだ。事実、これは小さな本ではあるが、すぐれたものであると思う。ハイデッゲル教授やレーヴィット氏の話をきいて、私は弁証法的神学に興味をもつようになり、バルトの『ロマ書』とか『神の言葉の神学』などを繙くようになった。もちろん、オットー教授の『聖なるもの』も読んでみた。その頃教授はやがて『西・東神秘主義』となって現われたような問題を考えておられ、仏教に関心をもっておられたということにも依るのであろう。日本の留学生が好きで、自宅に招いてお茶の会を開かれたりした。私はまた時々オットー教授に誘われて、ラーン河の向うの小高い丘を一緒に散歩したことがある。

哲学の方面では、ハイデッゲル教授のほかに、ニコライ・ハルトマン教授の講義に出席した。教授もアリストテレスに興味をもっておられて、一度お訪ねした時、しきりにその話をされた。私が出たゼミナールで使われたのはカントの『純粋理性批判』とヘーゲルの『論理学』とであった。教授の『認識の形而上学』は、主観主義の哲学から入って、ラスクの研究によって次第に客観主義に傾きつつあった時分の私には、非常に新鮮で面白く感じられたが、ハイデッゲルの影響を強く受けるようになってから、ハルトマン教授の立場にはあまり興味が持てなくなった。マールブルクでは私は殆ど純粋にハイデッゲル教授の影響を受け容れたといって宜いであろう。しかしその後ハルトマンの『倫理学』が出た時、私はこれを読んで再び教授の思想に対する興味を取り戻すことができた。

マールブルクにいる間、そしてその後も時々文通によって、私の読書を指導してくれたのはレーヴィット氏であった。私は氏によって単に哲学のみでなく、広くドイツ精神史の中に導き入れられた。ディルタイとか、更に遡《さかのぼ》ってシュレーゲルやフンボルトなどに対して私の眼を開いてくれたのはレーヴィット氏であった。特に氏によって私は当時の多くのドイツの青年をとらえていたあの不安の哲学とか不安の文学の中へ連れて行かれた。私もニーチェやキェルケゴールなどを愛読するようになり、殊にドストイェフスキーの小説を耽読《たんどく》した。その頃のドイツは全く精神的不安の時期であった。ヘルデルリンが流行するかと思うと、一方ではガンディなどが迎えられていた。また学生の間でも右翼と左翼との色彩がはっきり分れ、私どもでさえ外部からそれを見分けることができた。ハイデッゲル教授の哲学そのものもかような不安の一つの表現であると考えることができるであろう。教授の哲学はニーチェ、キェルケゴール、ヘルデルリン等の流行の雰囲気の中から生れたものであり、そこにそれが青年学生の間で非常な人気を集めた理由がある。レーヴィット氏もその時分デンマーク語を勉強して原典でキェルケゴールの研究を始めていた。ヤスペルスやマックス・シェーレルなどを読むことを私に勧めてくれたのも氏であった。氏はハイデッゲル教授と親しく、いわば教授の哲学の材料を材料のままでいろいろ見せてくれたのである。こういう教師というものは実に有難いものである。

一三

マールブルクはドイツの田舎の小さい大学町の一つの典型である。それは山の裾から頂を開いて作られた町で、その裾にはラーン河が流れ、河の向うには丘が続き、森が開かれている。私はよくこの丘や森の中を散歩した。町には殆ど観るものがなかった。劇場が一つあって、時々映画などを観せていたようであるが、私は遂に行かないでしまった。町はいつも静かで、落着いていた。ここで暮した一年間はまた私のこれまでの一生のうち最も静かな、落着いていた時期であった。予定した滞在の期限が切れても、私はなかなか去り難い思いであった。どうしようかと迷っていたとき、私の心の中に蘇《よみがえ》ってきたのは、深田先生などによって与えられていたフランス文化に対する憧《あこが》れである。マールブルクにフランス語の会話を教える婦人があるということを聞いて、パリへ出る準備のために、一ヵ月ばかり通った。私のフランス語は殆ど独学であった。高等学校の時代、暁星で朝七時から八時までフランス語の講習をしているのを知って本郷の寄宿寮から通ったこともあるが、なにぶん八時から始まる学校の授業に対して無理をしなければならぬことなので、長くは続かなかった。独学でどうにか本だけは読めるようになったが、日常の会話にはさっぱり自信がなかったのである。

私はマールブルクからパリへ行くことに決めた。そのとき私の手許にはアンドレ・ジードの小説が数冊あった。これはその年の春ウィーンに旅行したとき、偶然に買ってきたものである。その頃ウィーンには上野伊三郎がいて、暫《しば》らく滞在している間に、私はいつものように本屋を歩き廻ったが、先ず目にとまったのは、フランスの本を置いている店があるということであった。これはドイツでは見なかったことである。ウィーンはフランス文化の影響を多く受けていた。久し振りでフランス書を見るのが懐しくて店へ入ってゆくと、ジードのものがたくさん置いてあるのが目に附いた。ドイツ書ではドストイェフスキーの独訳本の多いことが注意を惹《ひ》いた。考えてみると、その時分のオーストリアにおいてもまたいわゆる不安の文学が流行していたのである。私はその頃、恥しい話だが、アンドレ・ジードの何者であるかを知らなかった。ともかく彼の本がたくさん並べてあるところをみると、重要な流行作家に違いなかろうと考えて、その幾冊かを求めて鞄の中に入れた。ウィーンからの汽車の中で、私は初めて彼の『インモラリスト』を繙き、何か全く新しいものに接した気がした。マールブルクに帰ってきて、レーヴィット氏にその話をすると、この博識なドクトルはジードについていろいろ話してくれた。そのとき氏からドイツにおける最もすぐれたフランス研究家として教えられた名にエルンスト・クルチウスがある。クルチウスの新著の『バルザック』をぜひ読めと勧められたので、買って読んでみると、なるほど面白かった。その後更にクルチウスの『新ヨーロッパにおけるフランス精神』という本を見る機会があったが、これも善い本であったように思う。

パリにいた小林太市郎君に下宿の世話を頼んでおいて、ケルンを通ってパリへ出たのは秋の初めであった。小林君は私と同様京都の哲学科の出身なのでかねて知っていたが、現在は大阪の美術館にいて、支那美術の研究を専門にしている。最初パリには長く滞在するつもりでなかった。既に二ヵ年半をドイツで過していたので、パリには三四ヵ月もいて、そろそろ帰国の仕度をしなければならないだろうと考えていた。それが到頭一ヵ年の滞在になってしまった。大都会というものは孤独なものである。孤独を求めるなら大都会のまんなかである。パリの街ではいつも多くの日本人を見た。しかし私が親しくしたのは小林君くらいのもので、それも下宿が離れていたために頻繁《ひんぱん》には会わなかった。そのほかパリで初めて知り合った友人といえば芹沢光治良君くらいのものである。尤《もっと》もパリはヨーロッパへ行った者が一度は訪ねる所なので、偶然出会った人は多く、斎藤茂吉氏とか板垣鷹穂君などの名が今記憶に蘇ってくる。エトワルの近くにあった私の下宿は一時、安倍能成氏や速水滉先生の下宿になったこともある。京城《けいじょう》大学に法文学部が出来た頃で、そこの教授に任ぜられた人々が洋行した時代であったのである。私の下宿にいられた間、安倍さんは頻《しき》りにオイケンの『大思想家の人生観』の改訳をやっていられたことを思い出す。船の中で片附けるつもりであったのが出来なかったから、ということであった。

初めは長く滞在するつもりでなかったので、私は今度は大学に籍を置かなかった。パリ見物の傍《かたわ》ら、私は小学校の女の先生を頼んでフランス語の日用会話の勉強を続けた。耳の練習に少し自信ができたので、これも見物の一つのつもりでソルボンヌの公開講義に出掛けて、哲学者のブランシュヴィク教授を数回聴いたことがある。私がテーヌを頼りに読んだのはその頃のことである。「ほお、テーヌを読んでいるのか」と教えに来た女の先生に驚かれたものだ。どうして特にテーヌを読んだかというと、京都時代に主として勉強した歴史哲学の影響である。ハイデルベルクにいた時にも羽仁に会うとよくテーヌの話が出たように思う。またアナトール・フランスの小説が面白くてその頃頻りに読んだことは、既に書いた通りである。ジードにしても、アナトール・フランスにしても、フランスの作家の中で外国人好きのする作家であるといえないであろうか。作家のうちには本国においてよりも外国において遥《はる》かに好まれる種類の人があるのである。パリの下宿でほかに私が愛読したものといえば、ルナンであったであろうか。

そうしているうちに私はふとパスカルを手にした。パスカルのものは以前レクラム版の独訳で『パンセ』を読んだ記憶が残っているくらいであった。ところが今度はこの書は私を捉《とら》えて離さなかった。『パンセ』について考えているうちに、ハイデッゲル教授から習った学問が活きてくるように感じた。そうだ、フランスのモラリストを研究してみようと私は思い立ち、先ずパスカルの全集、モンテーニュの『エセー』、ラ・ブリュイエールの『カラクテール』等々を集め始めた。ヴィネの『十六七世紀のモラリスト』を読んで、いろいろ刺戟《しげき》を受けた。私の関心の中心はやはりパスカルであった。そうだ、パスカルについて書いてみようと私は思い立ったのである。マールブルクにおけるキェルケゴール、ニーチェ、ドストイェフスキー、バルト、アウグスティヌス、等々の読書が今は活きてくるように感じた。ストロウスキーの『パスカル』、ブトルーの『パスカル』等々の文献を集めて読み始めた。『パンセ』は私の枕頭《ちんとう》の書となった。夜更けて静かにこの書を読んでいると、いいしれぬ孤独と寂寥《せきりょう》の中にあって、ひとりでに涙が流れてくることも屢々《しばしば》あった。原稿用紙を持っていなかったので、洋罫紙《ようけいし》に向って私は先ず『パスカルに於ける人間の分析』という論文を書いた。かようなものが哲学の論文として受取られるかどうかについて不安を感じながら、私はそれを『思想』に送った。そして更に続けて私のパスカル論を書いていった。こうして出来上ったのが『パスカルに於ける人間の研究』であり、大正十五年に私の処女作として出版されるようになった。その中の最後の一章は、日本へ帰ってきてから京都で書いたものであるが、他の部分はパリの下宿で出来たものである。私の処女作出版は失敗であった。当時岩波書店の卸部にいた坂口栄君が後に私に話したところに依ると、あの時分岩波の本で、小売屋に出してあんなに多く返品があった本はないということである。それは当然であった。私はもとより無名の書生であったし、パスカルといえば専門家を除き一般の読者においては中学校の数学の時間にパスカルの定理というものを習った記憶があるだけで、そのパスカルと『人間の研究』——こういう言葉も当時の読者には全く親しみのないものであったであろう——との間にどのような関係があるのか、理解できないことであった。そしてそれはまた当然であるのだ。パスカルというのはそのように不思議な存在なのである。もちろん、現在では事情が変っている。『パンセ』を初めパスカルのいくつかの作品が飜訳され、広く読まれている。私のパスカルもその後徐々に読者を見出すようになり、今も版を重ねている。出来不出来は別として、処女作の出版というものは著述家にとってつねに懐しい思い出である。

パスカルやモンテーニュから入って、私はフランス哲学に対して次第に深い興味をもつようになった。それも遡ると、西田先生の著書や講義でメーヌ・ドゥ・ビランなどという、当時わが国ではあまり知られていなかった哲学者のことを知らされて、未知のものに対する憧れを感じたことに由来するであろう。私はいつも未知のものに対して憧れてきた。マールブルクからパリへ、永らく考え慣れたドイツ哲学の土地を離れて出て来たのも、未知のものに対する憧れからであった。西田先生は近年殊によくフランス哲学の研究をひとに勧められていたようである。パスカルについて書いているうちに、次に書いてみたいと考えたのはデカルトであった。その時分シュヴァリエの『パスカル』及び『デカルト』を読んで、その明晰《めいせき》な叙述から利益を受けたが、それに影響されたというものであろうか。この次はデカルトについて書くと度々友人に話し、一度は私のデカルト研究というものの予告が書肆《しょし》の広告にも出たくらいであるが、いまだに実現しないでいるのは恥しいことである。——今度『文学界』にデカルト覚書の連載を始めたのも、いつまで続けられるか分らないことではあるが、せめて当座の埋合せにしたいためである。——パリの下宿で描いていた夢をすぐに実現するにしては全く違った事情がやがて帰って来た日本においては存在していたのである。しかしマールブルク以来私の経験したいわゆる不安の哲学とか不安の文学とかが数年後には日本においても流行するようになった。それが数年後であったということは当然であった。なぜならそれが来るためにはフランスやドイツにおいて見られたように一つの要素、即ちマルキシズムの流行が先ずなければならなかったからである。それが順序である。そう考えてくると、思想の流行というものにも何か必然的な法則があるように思われるのである。

哲学はどう学んでゆくか

哲学はどう学んでゆくかという問は、私のしばしば出会う問である。今またここに同じ題が私に与えられた。然るにこの問に答えることは容易ではないのである。これがもし数学や自然科学の場合であるなら、どういうものから入り、どういう本を、どういう順序で勉強してゆくべきかを示すことは、或いはそんなに困難ではないかも知れない。それが哲学においては殆ど不可能に近いところに、哲学の特色があるともいえるであろう。哲学は何であるかの定義さえ、立場によって異っている。立場の異るに従って、入口も異る筈である。しかも哲学的知識には、端初が同時に終末であるというようなところがあるのである。それにしてもどこかに手懸りがなければ、およそ研究を始めることも不可能であるとすれば、その手懸りが何とか与えられなければならぬ。これはどこに求むべきであるか。立場の相違は別にして、およそ哲学というものを摑《つか》んでゆく最初の手懸りは、どこに、どういう風に探してゆくべきか。質問がそこにあるとして、私の乏しい経験に基づいて、少し述べてみたいと思う。

一

いつも先ずきかれるのは、哲学概論は何を読めば好いかということである。何でも好いから一冊だけ読んでみ給え、といつも私は答えるのである。という意味は、概論という名前に拘泥してはならぬということである。哲学概論と称するもの、必ずしも哲学の勉強の最初の手引になるものではない。概論といっても哲学の場合、著者自身の立場が出ており、著者自身の哲学への入門であったり、著者自身の哲学の総括であったりすることが多いのである。そのうえ概論というもの、必ずしもやさしいとは限らない。世間には哲学概論と名の附く書物を幾冊も買い込んで、それに頭を悩ましている人があるようであるが、愚かなことではないかと思う。哲学においては、概論書から入ることを必ずしも必要としないし、またそれが必ずしも最善の道でもないのである。初めに概論が読みたいというのなら、何でも一冊でたくさんだといいたい。何でもというのは、私はそれにあまり重きをおかぬということである。哲学上の用語の意味を知ろうというのなら、哲学辞典がある。またどのような説があり、どのような傾向があるかを知るには、哲学史に依らねばならぬ。もちろん私は決して哲学概論というものを軽蔑《けいべつ》するのではない。私がいいたいのはただ、順序として先ず概論の名の附くものを読まねばならぬかの如く考える形式的な考え方にとらわれないということである。哲学に入る道はもっと自由なものと考えて好い。

二

私自身の経験を話すと、高等学校の頃、哲学に関心をもち始めたとき、わが国にはまだ哲学概論と称する種類の書物は殆ど見当らなかった。私が哲学に引き入れられたのは西田幾多郎先生の『善の研究』によってであった。そして今も私はこの本を最上の入門書の一つであると思っている。その頃の高等学校には、文科にも哲学概論の講義はなく、あったのは心理と論理とだけであった。また高等学校の時には、後に哲学を専攻する者も、心理と論理とを勉強しておくものだというのが、私ども一般の考えでもあった。そしてその頃は世界戦争の影響でドイツ語の本は全く手に入らなかったので、私はジェームズの『心理学原理』とかミルの『論理学体系』とかいったものを丸善から求めてきて、ぼつぼつ繙《ひもと》いていた。それは日本の哲学書出版に時代を劃《かく》した岩波の『哲学叢書《そうしょ》』が刊行され始めた時期であって、その中のヴィンデルバントのものを紹介した『哲学概論』を読んでみたが、正直にいうと、よく理解できなかったのである。三年生の時、小さな会を作って、ヴィンデルバントの『プレルーディエン（序曲）』の中の『哲学とは何か』を謄写版刷りにして速水滉先生から読んで戴《いただ》いた。高等学校時代、私は直接には速水先生から最も多く影響を受けた。心理学の本を比較的多く勉強したのもそのためであるが、最も興味を感じたのは、ジェームズの『心理学原理』であった。そしてこれは今も私が人に勧めたい本の一つである。ヴィンデルバントの『哲学概論』は概論中の白眉《はくび》として定評のあるものであり、ぜひ目を通さねばならぬものではあるが、初めに読むものとしては少しむずかしいであろう。この人のものとしては寧《むし》ろ初めに『プレルーディエン（序曲）』を読むのがよいと思う。これはそれ自身立派な入門書と見ることができる。ヴィンデルバントの哲学概論と共にわが国で知られているディルタイの『哲学の本質』も、重要なものではあるが、やさしいとはいえない。もちろん、場合によっては、難解な書物に直接ぶっつかってゆくことも、意味のあることである。高等学校を卒業した夏、速水先生の紹介状をもって京都に西田先生を初めて訪問した時、休みの間にこれを読んでみよといって先生が私に貸して下さった書物は、カントの『純粋理性批判』であった。その頃はまだこの本の飜訳も出ていなかったので、ドイツ語の辞書を引きながら、一生懸命に勉強したが、わからないことが多くて困難したのを覚えている。その後桑木厳翼先生の『カントと現代の哲学』が出たが、これも入門書として勧めたいものの一つである。

三

先ず必要なことは、哲学に関する種々の知識を詰め込むことではなくて、哲学的精神に触れることである。これは概論書を読むよりももっと大切なことである。そしてそれにはどうしても第一流の哲学者の書いたものを読まなければならぬ。

そのためにあまり難解でなくて誰にも勧めたいものを一二挙げてみると、さしあたりプラトンの対話篇がある。そのいくつかは既に日本訳が出来ており、英語の読める人ならジョーエットの飜訳がある。プラトンの対話篇は文学としても最上級のものと認められている。近代のものでは何よりもデカルトの『方法叙説』を挙げたい。これもまた哲学的精神を摑むために繰返し読まるべきものであり、フランスの文学にも影響を与えた作品である。もし日本人の書いたものを挙げよといわれるなら、私はやはり西田先生の書物を挙げようと思う。

もちろん古典であるなら、どのようなものでも、そこに哲学的精神に触れることができる。古典を読む意味、解説書でなくて原典を読む意味は、何よりもこの哲学的精神に触れるところにある。精神とは純粋なもの、正銘のものということができるであろう。美術の鑑定家は、正銘のもの、真正のものを多く見ることによって眼を養い、直ちに作品の真偽、良否を識別することができるようになるのであるが、同じように書物の良否を判断する力を得るためには、絶えず古典即ち純粋なものに接してゆかなければならぬ。書物の良否の本来の基準はこのように、純粋であるか否か、根源的であるか否か、精神があるか否かというところに存するのである。もしそれが単に役に立つか否かということであるとすれば、書物の良否というものは相対的であって、絶対に良いといい得るものもなく、絶対に悪いといい得るものもない。或る人にとっては良書であるものも、他の人にとっては悪書であり得る。全く役に立たぬように見える書物から、才能のある人なら、役に立つものを見出してくることができるであろう。読書の楽しみは、このように発見的であることによって高まるのである。

四

哲学の書物は難解であると一般にいわれている。この批評には著作家の深く反省しなければならぬ理由もあるのであるが、読者として考えねばならぬことは、哲学も学問である以上、頭からわかる筈のものでなく、幾年かの修業が必要であるということである。そこには伝統的に用いられている術語があり、また自分の思想を他と区別して適切に或いは厳密に表現するために新しい言葉を作る必要もあるのである。しかし哲学は学問ではあるが、フィヒテがその人の哲学はその人の人格であるといったように、個性的なところがあることに注意しなければならぬ。従って哲学を学ぶ上にも、自分に合わないものを取ると、理解することが困難であるに反し、自分に合うものを選ぶと、入り易く、進むのも速いということがある。すべての哲学は普遍性を目差しているにしても、そこになお一定の類型的差別が存在するのであるから、自分に合うものを見出すように心掛けるのが好い。その意味ですでに研究は発見的でなければならぬ。流行を顧みるということは時代を知り、自分を環境のうちに認識してゆくために必要なことであるけれども、流行にとらわれることなく、どこまでも自分に立脚して勉強することが大切である。そして先ず自分に合う一人の哲学者、或いは一つの学派を勉強して、その考え方を自分の物にし、それから次第に他に及ぶようにするのが好くはないかと思う。最初から手当り次第に読んでいては、結局同じ処《ところ》で足踏みしていることになって進歩がない。他の立場に注意することはもちろん必要であるが、先ず一つの立場で自分を鍛えることが大切である。広く見ることは哲学的である、同時に深く見ることが哲学的である。

ドイツは世界の哲学国といわれており、哲学を勉強するにはドイツのものを読まねばならぬが、ドイツの哲学には伝統的に難解なものが多いということがある。英仏系統の哲学になると比較的やさしく読めるであろう。やさしいから浅薄であると考えるのは間違っている。ドイツの影響を最も受けている現在の日本の哲学書を難解と思う人には、英仏系統の哲学の研究を勧めたい。ドイツの哲学者でも劃期的な仕事をした人は、英仏の影響を受けているものが多く、カントがそうであったし、近くはフッサールがそうであって、彼の現象学にはデカルトやヒュームの影響が認められる。その場合、入門的な書物としてさしあたりベルグソンの『形而上学入門《けいじじょうがくにゅうもん》』とかジェームズの『プラグマティズム（実用主義）』の如きを勧めたい。フランスとかイギリスとかアメリカとかの哲学の真の意味は、日本では専門家の間でもまだ十分に広く発見されていないのではないかと思う。尤《もっと》も、どこのものであるにせよ、外国の模倣が問題であるのでないことは云うまでもないことである。

五

哲学を学んでゆくのに、自分に立脚すべきことを私はいった。それはただ単にいわゆる瞑想《めいそう》に耽《ふけ》ることではない。私のいいたいのは先ずむしろもっと具体的に、諸君がもし自然科学の学徒であるならその自然科学を、またもし社会科学の学徒であるならその社会科学を、更にもし歴史の研究者であるならその歴史学を、或いはもし芸術の愛好者であるならその芸術を手懸りにして、そこに出会う問題を捉《とら》えて、哲学を勉強してゆくことである。プラトンはその門に入る者に数学の知識を要求したと伝えられているが、哲学の研究者はつねに特に科学に接触することが大切である。古来哲学は科学と密接に結び附いて発達してきたのである。

この場合科学と哲学との橋渡しをするものとして科学概論というものが考えられるであろう。科学もその方法論的基礎を反省する場合、その体系的説明を企図する場合、つねに哲学的問題に突き当る。そこで科学概論の書物も立場の異るに従って内容を異にするのは当然である。いま立場の相違は別にして、先ずどういうものを読めばよいかと尋ねられるなら、少し古いにしても、英語の読める人にはピーアスンの『科学の文法』を勧めたい。日本のものでは田辺元先生の『科学概論』が知られている。この方面における石原純先生の功績は大きく、忘れられないものである。また文化科学の方面ではディルタイの『精神科学概論』、歴史の方面ではドゥロイゼンの『史学綱要』という風に、いろいろ挙げることができるであろう。リッケルトの『文化科学と自然科学』は、ともかく明晰《めいせき》で、最初に読んでみるに適している。

六

ここに私が一緒に体験してきた比較的新しい日本の学界における出来事を回顧すると、一時わが国の文化科学研究者の間に哲学が流行し、ヴィンデルバント、リッケルトの名を誰もが口にした時代があった。それは主として左右田喜一郎先生の影響に依るものである。私自身、先生の『経済哲学の諸問題』に初めて接した時の興奮を忘れることができぬ。京都で聴いた先生の講義も感銘深いものであった。いわば文学青年として成長してきた私がともかく社会科学に興味をもつようになったのはその時以来のことである。その後マルクス主義が流行するようになったが、それが日本の学界にもたらした一つの寄与は、それがやはり科学の研究者に哲学への関心を、逆に哲学の研究者に科学への関心を喚《よ》び起したことである。今日いわゆる高度国防国家の必要から科学の振興が叫ばれているが、この際科学と哲学との交渉についても新たな反省が起ることを希望したいのである。

哲学と科学との間に生きた聯関《れんかん》が形作られることは日本の哲学の発展にとって甚《はなは》だ重要である。私はこのことを、これから哲学を勉強しようという若い人々に対して、特にいっておきたいと思う。

ところで既に哲学概論についていったことが科学概論についてもいわれるであろう。つまり概論の名に拘泥して、先ず概論書に取り附いてこれを物にしなければならぬというように形式的に考える必要はないのである。殊に科学の場合、哲学者の科学論よりも科学者のそれから教えられることが多いであろう。例えばディルタイの精神科学論がすぐれているのは、この哲学者が実証的歴史的研究においても第一流の人物であったことに依るのである。また科学においては特殊研究が重要であることを忘れてはならぬ。元来、哲学が科学に接触しようとするのは、物に行こうとする哲学の根本的要求に基づいている。哲学者は物に触れることを避くべきでなく、恐るべきではない。物に行こうとする哲学は絶えず物に触れて研究している科学を重んじなければならぬ。

七

つねに源泉から汲《く》むことが大切である。源泉から汲もうとするのが哲学的精神であるといい得るであろう。物に触れるということも源泉から汲むためである。本を読むにも第一流の哲学者の書いたものを読むということは、思想をその源泉から汲むためである。哲学の研究者が科学者のものを見る場合においても、やはり第一流の科学者の著述に向うことが肝要である。

かようなものとして哲学を勉強しようとする人に勧めたい本は、私の乏しい知識の範囲でも、かなり多い。その一二の例を挙げると、例えばポアンカレの『科学と方法』その他である。マッハの如きも、マルクス主義流行の時代にはマッハ主義といって軽蔑《けいべつ》されたものであるが、見直さるべきものであると思う。少し方面を変えると、例えばクロード・ベルナールの『実験医学序説』である。更に社会科学の方面になると、マックス・ウェーベルの『科学論論集』の如きが先ず挙げられるであろうし、もっと方面を変えると、科学者とはいわれないにしてもゲーテの自然研究に関する諸論文の如きは勧めたいものである。

かように科学といっても範囲は広いし、その上各々の科学は次第に専門化してゆく傾向をもっているとすれば、哲学の研究が科学と結び附かねばならぬことは分るにしても、人間は万能でない限り、どうしたらよいのかと問われるであろう。その場合私はやはり自分に立脚すべきことをいいたい。一通り広く見ることは必要であるが、何か一つの学科を選んで深く研究し、できるなら、専門家の程度に達するようにしたいものである。哲学は普遍的なものを目差すのであるが、普遍的なものは特殊的なものと結び附いて存在する。抽象的に普遍的なものを求むべきではなく、特殊的なもののうちに普遍的なものを見る眼を養わなければならぬ。数学的物理学は近代科学の典型であり、それを知ることは大切であるが、すべての人の才能がそれに適するわけではなかろう。しかし種々の自然科学及び文化科学の中には、何か自分に興味がもて自分に適するものがある筈である。ベルグソンは、数学や物理学はギリシア以来その基礎が定まっており、現代の科学として哲学において注目すべきものは生物学と心理学である、といっているが、この意見の当否はともかく、彼の哲学が生物学の研究に負うところの多いことは一般に認められている。論理主義を唱えて心理主義を攻撃した新カント派の哲学が一時わが国に流行してから、哲学を学ぶ者が心理学を勉強するという、それ以前の日本ではむしろ常識として行われたことが次第になくなっていった。しかし最近のゲシュタルト心理学の如き、或いはまたプラグマティズムの哲学と結び附いて発達しているアメリカの社会心理学の如き、哲学の研究者の顧みなければならぬものであろうと思う。更に現代の科学として特に重要な意味をもっているものに、社会科学、文化科学、精神科学、歴史科学等の名をもって呼ばれるものがある。歴史的社会的実在が現代哲学の根本問題であるともいわれるのである。自然科学はガリレイ以来その基礎が定まっているが、社会科学にはまだそのように定まったものがなく、その基礎を明かにすることが現代の重要な課題であるともいわれるであろう。要するに学問においても、人生においてと同様、自分を発見することが大事である。その自分は同時に時代のうちに発見されるものであることは云うまでもない。

哲学はもちろん科学と同じではない。しかし哲学は科学によって媒介されねばならぬ。科学を万能と考えるのではない。そのように考える人には哲学は不要であろう。無条件に科学を信じている者はすぐれた科学者になることもできないであろう。科学的知識を絶対的なもののように考えるのはむしろ素人《しろうと》のことであって、真の科学者は却《かえ》ってつねに批判的であり、懐疑的でさえあるといわれるであろう。少くとも科学を疑うとか、その限界を考えるとかいうところから哲学は出てくる。しかしながら懐疑というのは、物の外にいて、それを疑ってみたり、その限界を考えてみたりすることではない。かくの如きは真の懐疑でなくて、感傷というものである。懐疑と感傷とを区別しなければならぬ。感傷が物の外にあって眺めているのに反し、真の懐疑はどこまでも深く物の中に入ってゆくのである。これは学問においても人生においてもそうである。容易に科学の限界を口にする者はまた無造作に何等かの哲学を絶対化するものである。感傷は独断に陥り易い。哲学はむしろ懐疑から出立するのである。そのような懐疑が如何《いか》に感傷から遠いものであるかを知るために、既に記したデカルトの『方法叙説』を、或いはまた懐疑論者と称せられるヒュームの『人性論』を、或いは更にモンテーニュの『エセー（随想録）』を読んでみるのも、有益であろう。

八

多くの人々は人生の問題から哲学に来るであろう。まことに人生の謎《なぞ》は哲学の最も深い根源である。哲学は究極において人生観、世界観を求めるものである。ただその人生観或いは世界観は哲学においては論理的に媒介されたものでなければならぬ。もちろん直観を軽蔑すべきではない。そして忘れてならないのは、直観も訓練によって育てられるものであるということ、その訓練は論理的訓練にも増して厳しいものであるということである。哲学そのものが直観であるかどうかは意見の別れるところであるが、いずれにしても直観を軽んずるのは愚かなことであり、直観を育てることは努力に値することである。

人生の問題から直接に哲学に入ろうとする人々に先ず勧めたいのはフランスのモラリストの研究である。パスカル、モンテーニュなど、日本語で読めるものも追々多くなっている。私にとって特にパスカルが啓示的であった。彼等の人生論には独特の実証性がある。科学の実証性とは異っているが、また相通ずるものがある。この実証性に目を留めねばならぬ。それらの書物はやさしく読めるからといって、簡単に読み捨ててはならない。難かしい言葉を使うことが哲学であるかのように考えている者があるとすれば、笑うべきである。それらの書物は立ち停って考えようとする人に多くのことを考えさせるであろう。多くのことを考えさせる本が善い本であり、これは用語の難易には関係しないことである。モンテーニュ、パスカルなどから哲学の本筋に来てデカルトに行くもよく、或いはスピノザの『エティカ（倫理学）』に行くもよく、或いはまたマキアヴェリの『君主論』などに行ってみるのも面白いであろう。

考えてみると、私どもが哲学の勉強を始めてからこの二十年間に、著述飜訳を併せて日本における哲学書も次第に殖えてきた。広く多くの本を読むべきか、深く一冊の本を読むべきかという読書の方法論の問題が、哲学を学ぼうとする者にも現実に生じている。両者は共に必要であるが、いずれを先にするかという問題が実際にあるとすれば、私は先ず一冊の本にかじりついてそれをものにするようにといいたい。その一冊はもちろんそれに値するものでなければならぬ。その点で、カントの『純粋理性批判』というような古典は別にしても、新刊書よりも十年なり十五年なり生命を保っているものを取るべきである。新しいものを見ることも大切ではあるが、先ずそれから始めると、遂に一冊の本を深く読む習慣を作らないでしまうような危険があるというのが、今日の読書人のおかれている環境である。人生について深く考えようとする者に東洋の古典を読むことが大切であるのは云うまでもなかろう。

私は哲学を勉強しようとする者にも直観を育てることが必要であると述べた。しかし学問として哲学を学ぶことは思考すること、明晰に思考することを学ぶことである。もちろん直観にもそれ自身の明晰性と厳密性がある。しかし直観の明晰性や厳密性も、論理的に明晰に厳密に思考することを知らない者には達せられないであろうし、少くとも哲学的に重要なものとはならないであろう。明晰に思考することを学ぼうとする者は先ず初めにどのような本を読めばよいであろうか。さしあたり私はリッケルトの『認識の対象』の如きを勧めたい。この本は私どもが哲学の勉強を始めた時分には殆ど誰もが入門書として読んだものである。今はどれほど読まれているか知らないが、私は今もやはりこれを一つの適当な入門書であると考えている。

九

すでに私は明晰に考えることを学ばねばならぬと述べた。考えるということは、元来、明晰に考えることである。もとより哲学には深さも大切である。しかし濁っているために底が見えないに過ぎぬといった場合もあるので、深そうに見えるもの必ずしも深いとは限らず、むしろ反対であることが多い。どこまでも澄んでいて、しかも底の知れないものが、真に深いのである。真の深さにはつねに豊かさがある。尽きることなく湧《わ》いて出てくる豊かさのないものは真に深いとはいえない。この豊かさはまた広さともなるであろう。哲学に入る者が学ばねばならぬのは、物をはっきり考えること、広く考えることである。広く見、広く考えることは、独断や偏見とは反対のものであるべき哲学の基本的な条件である。深さに至っては、学び得るというものではない。深さというものは、結局、人間の偉さであると思う。それ以外深そうに見えるものはペダントリ乃至《ないし》センチメンタリズムに過ぎぬ。深さというものは学問を媒介とする学問以上の人間修業によっておのずから出てくるものである。単なるペダントリ乃至センチメンタリズムに過ぎぬいわゆる深さに迷わされることなく、それを突き切ってゆくところに哲学的精神がある。明晰な書物はつねに有益であるが、深そうに見える書物は学問にとって有害なことが多い。真の深さについていえば、哲学することは真の人間になることである。そしてすべての人間がめいめい独自のものであるように、深さもそれぞれ独自のものである。一般的な深さというものを私は信じない。もし何かそのようなものがあるとすれば、それは明晰に直観され、明晰に思考され得るものでなければならぬ。

　ところで思考については論理学の存在が考えられるであろう。哲学に入ろうとする者が論理学に関する知識をもたねばならぬことは当然である。先ず普通に論理というものについて知るには、速水滉先生の『論理学』を見るのが好いと思う。英語のものでは、ジェヴォンズの『論理学教科書』を勧めたい。少し大きいが、ミルの『論理学体系』は古典的なものとして、今もなお多くの学ぶべきものをもっている。ドイツ語のものでは、これも大きいが、ジグワルトの『論理学』なぞ、論理学から認識論への道を開くものとして適当であろう。

明晰に考えることを学ぶというのは何よりも分析を学ぶことである。この頃分析を排する傾向があるが、しかし分析なしには学問というものはない。東洋的な直観とか綜合《そうごう》とかいうものは尊重されねばならないが、しかしそれが学問となるためには論理をくぐってこなければならぬ。哲学的な分析の修練のために勉強しなければならぬものとして挙げておきたいのは、アリストテレスの著作、その『形而上学』の如きもの、カントの著作、特にその『純粋理性批判』である。アリストテレスは形式論理というものの完成者であり、カントは先験論理というものの創始者である。これらの書物はもとよりその内容のためにもぜひ読まれねばならぬものである。内容のない思惟《しい》、何物かの分析でないような分析があるであろうか。しかしこれらの書物は特に我々を哲学的な思惟に対して訓練してくれるのである。これらの書物は読み易いものではないであろう。難解なものにぶっつかってゆく勇気と根気とが大切である。考えることを学ぶには解説書によってはいけない。問題をその根源において捉《とら》えた書物と直接取組んで勉強することが肝要である。

一〇

論理というものにもいろいろ考えられるであろう。今日わが国では誰も彼もが弁証法をいう。弁証法には確かに深い真理があるが、ただ、初めから弁証法にとりつかれると、マンネリズムに堕して却って進歩がなくなるとか、折衷主義に陥って却ってオリジナリティが塞《ふさ》がれるとか、すべての問題を一見いかめしそうでその実却って安易に片附けてしまうとかいった危険があることに注意しなければならぬ。虎を画いて狗《いぬ》に類するといったことは弁証法には多いのである。学問において尊いのは外見ではなくて内実である。難かしく見えても、また深そうに見えても、根が常識を出ないのでは、学問の甲斐はないであろう。そこで私は、結局は弁証法にゆくべきものであるにしても、先ずアリストテレスの論理とかカントの論理とかをよく研究することを勧めたい。その方が間違いがなく、またそれが順序でもある。新しい哲学は何か新しい論理をもって現われてくるものであるから、論理の問題に踏みとどまって深く研究するのは大切なことである。

弁証法の最初の組織者はヘーゲルであり、弁証法を学ぶにはどうしても彼の書物に依らねばならぬ。その『論理学』の如き、ぜひ勉強すべきものであるが、なにぶん彼の書物は難解をもって知られている。そこでヘーゲルは何から入るのが好いかという質問によく出会う。比較的わかり易いものとして普通に彼の『歴史哲学』が挙げられるが、これも適当であるが、私はむしろ彼の『哲学史』を勧めたい。ヘーゲルの哲学史は、そのものとして今日も価値をもっているばかりでなく、哲学は哲学史であるという立場からつねに哲学史的教養を予想している彼の哲学を理解するために、またおよそ弁証法的な物の見方を習得するために、初めに読むに適当であると思う。ヘーゲルについて書いた多くの参考書を読むよりも、たとい難解であっても、ヘーゲルそのものを幾頁でも研究することが一層大切であるのを忘れてはならない。正、反、合とか、否定の否定とかいった形式を覚えることでなく、物を弁証法的に分析することを学ぶことが問題である、弁証法の形式にはめて物を考えるというのでなく、物をほんとに摑《つか》むと弁証法になるというのでなければならぬ。論理は物のうちにあるのでなければならぬ。

論理学は認識論につらなっている、むしろ両者は一つのものである。その認識論というものの問題が如何《いか》なるものであるかを知るために初めに読んでみるものとしては、先にも挙げたリッケルトの『認識の対象』などが好いであろう。或いは趣向をかえて、ロックの『人間悟性論』とかヒュームの『人性論』とかから根気よく始めるのも好いであろう。ドイツあたりでは認識論の入門とか概論とか称するものがいろいろ出ているようであるが、この種の書物はだいたい受験準備書としてできているものが多く、読んで面白くなく、得るところも少いであろう。

哲学の主要問題はよく認識論と形而上学とに区分されるが、実際には両者は密接に結び附いている。知識の問題は実在の問題を含み、実在の問題は知識の問題を含んでいる。カントの『純粋理性批判』は普通に認識論の問題を取扱ったものと考えられているが、それを形而上学の基礎附けであると見るハイデッゲルの如き見方も存在するのである。私どもが哲学の勉強を始めた頃には認識論が全盛であったが、今日では反対に形而上学が流行して認識論はあまり顧みられず、論理といっても殆ど弁証法一点張りになっている。これにも或る必然性があるであろうが、かような時代にむしろ認識論の問題から出直してみることが却って新しい哲学の生れてくる契機になるかも知れない。哲学者には、時代の中にあってこれを超え得る心のゆとり、精神の自由が欲しいものである。

論理は具体的には特に科学の論理、或いは認識論的意味における科学の方法論である。ここに哲学の一つの重要な領域が存在することは先にいった通りである。もちろん哲学の問題は、論理の問題にしても、また実在の問題にしても、単に科学のみでなく、あらゆる方面に横たわっている。各人は自分の立っている所から問題を捉えて哲学に向わねばならぬことは既に述べておいた。従来哲学において問題とされているものが何であるかを知ることも必要ではあるが、現代には現代の問題があるであろう。この転換期において哲学は生きるか死ぬかの重大な危機に立っているのではないかと思う。問題を発見することは既に半ば問題を解決したことであるといわれるが、大きな哲学はつねに大きな問題を提げて現われてきた。これから哲学をやろうという人に期待されるものは大きく、それだけにまた大きな覚悟を要するのである。

一一

ところで如何なる創造も伝統なしにはあり得ないという意味において、哲学をやろうという者は絶えず哲学史を顧みなければならぬであろう。今初めて哲学史を見ようという人には、波多野精一先生の『西洋哲学史要』を勧めたい。もう少し詳しいもので、しかもわかり易いものを求める人には、フォルレンデルの『西洋哲学史』が適当であろう。ヴィンデルバントの『哲学史教科書』は問題史的な哲学史として特色があり、目を通さねばならぬ名著であるが、入り易いものとはいえないであろう。各時代についてはそれぞれ標準的な書物があるが、ここには煩瑣《はんさ》を避けて挙げない。またユーベルウェークの『哲学史』のような辞典として便利な書物もある。

西洋哲学の源泉として重要なものは、近代科学を別にすれば、ギリシア哲学とキリスト教である。私自身は特に波多野先生の講義や談話によってこれらのものに対して眼を開かれた。西洋哲学を研究しようとする者はキリスト教の知識を備えなければならないが、とりわけギリシア哲学を研究することが大切である。その研究は現代において特に重要な意味をもっているのではないかと思う。西田先生の思想の如きも、先生がギリシア哲学に深く入られるようになってから著しい発展があったように思う。哲学史に就いて思想の歴史的聯関を見ることは忘るべきではないが、更に進んで、自分で原典にあたって研究することが大切である。原語で読むに越したことはないが、たとい飜訳であっても、古典は完全な形で読むべきである。何でも原語で読まなければ気がすまぬといって、そのために読むべき本を読まないでいる人もあるが、愚かなことであると思う。絶えず古典に接することが大切であるといっても決して、新しいものを読むことが不必要なわけではない。古典の中にばかり閉じ籠っていると、ひとりよがりになるとか、学問が趣味に堕してしまうというような危険があるのである。古典も新しい眼をもって見なければ生きてこないのであって、それには現代の問題について深い関心がなければならぬ。もちろん古典をただ勝手に解釈すれば好いというのではない。初めからかような態度をもって臨めば、どのような本を読んでも益はないであろう。真の読書においては著者と自分との間に対話が行われるのである。しかも自分が勝手な問を発するのでなく、自分が問を発することは実は著者が自分に問を掛けてくることであり、しかも自分に問題がなければ著者も自分に問を掛けてこない。かくして問から答へ、答は更に問を生み、問答は限りなく進展してゆく。この対話の精神が哲学の精神にほかならない。

哲学の個々の部門、例えば歴史哲学、社会哲学、芸術哲学、道徳哲学、宗教哲学、等々について、私の乏しい経験の範囲内でもなおいろいろ注意しておきたいことがあるが、与えられた紙数も尽きたから、ここでひとまず筆を擱《お》くことにする。

哲学はやさしくできないか

哲学がむつかしいということは、いわゆる定評である。なぜ哲学はむつかしいのか、哲学はもっとやさしくすることができないか、そういう問に対して誌上でぜひ答をせよとの、『鉄塔』の編輯者《へんしゅうしゃ》からの再三の命令を受け、催促に会って、何か自分の意見を述べねばならないことになった。

私など日頃そのようなむつかしいものを書いて読者を悩している者の恐らくひとりであろうが、そういう私どもは、私どもで、自分たちの立場からの言分がないわけではない。それを先ず云わせてもらわねばならぬ。哲学もひとつの学問である、学問である限り、哲学の場合でも、他の学問においてと同様に、何の用意もなしにすぐさまわかる筈《こ》のものでない。わかるためにはそれに必要な準備がなくてはならぬ。哲学だけが怠け者に媚びねばならぬ理由はなかろう。哲学も他の学問と少くとも同等の権利をもって、それの理解されるために欠くべからざる学問的訓練が階梯《かいてい》的になされるように要求することができる。これは当然のことだが、云っておかれてよいことだと思う。他を非難する前に自分を省みるということは、単に道徳的な意味ばかりではないからである。

それにしてもなお哲学はむつかしくはないであろうか。そこにはまた逆に、こんどは哲学者自身が反省してみなければならぬ色々な問題があるのではないであろうか。

単純なことであるけれど、「むつかしい」ということと「わからない」ということとは同じでない。例えば、高等数学はむつかしい、しかしわからないものではない、順序を踏んで研究すればわかる筈のものである。哲学にもそのような意味でのむつかしさがあるであろう、それ故に唯むつかしいとのみ云わないで、わかるようにするために筋道を踏んで勉強しなければならぬ。然るに数学の場合には「わからない」ものの書かれることが殆どないに反し、哲学においては往々にして「わからない」ものが書かれることがあるようである。そういうものは唯むつかしいのでなく、もともとわからないのである。わからないものが書かれているために、哲学はむつかしいという評判を作っていることがないでもないようである。哲学が「むつかしい」ということは致方《いたしかた》がないとしても、「わからない」ものが書かれるというのは困ったことだ。わからないのは、実はそれを書いた当人にもよくわかっていないからだと云われるであろう。好い数学者の書いた数学書がわかり易いように、好い哲学者の書いた哲学書はわかり易い。それだから、わからないことはわからないとして、自分にわかったことだけを克明に書いてゆくということが大切であろう。そうすることによって自分にも他人にも役立つものとなるのである。わからせるためには、ごまかさないということが必要である。わからせるためには、どこまでも論理的で、理論的で、方法的で、秩序的でなければならぬことは云うまでもない。そうでないためにむつかしいとすれば、実はむつかしいのでなく、わからないのである。

しかしそれにしても、高等数学がむつかしいというのと哲学がむつかしいといわれるのとの間には、何か区別があり意味の違いがあるようである。準備の全然ない者がいきなり高等数学にとりつくというようなことはあまりなかろうが、哲学の場合では誰でもが何かの機会にそれにとりついてみようとするということがある。これは哲学にとって固《もと》より恥辱であるのでなく、寧《むし》ろ光栄であると云わねばならぬ。けれどもかかる哲学にとっての光栄は哲学に対する非難に変ずることがある。そういう人々によって哲学のむつかしさが非難される。彼等が哲学において求めるのは人生観とか世界観とかいったもの、一般に思想である。「理論」に対して「思想」というものが区別される。哲学には理論的要素と思想的要素とが含まれる。尤《もっと》も二つの要素ははなればなれのものであるべきでなく、思想が飽くまでも理論化されるところに哲学があると云われよう。最近の哲学は、いわゆる厳密な科学としての哲学に対する要求が強く、思想的であるよりも理論的であることに努めていると見られる。そして恰もそこに、哲学においていきなり思想を求める人々が、今日、哲学はむつかしいと感ずる理由があるとも考えられる。従って今日の哲学をばわかり易いと思われるものにするためには、もっと豊富な思想的要素がそのうちに盛られること、一層正確に云えば、哲学がもっと豊富な思想を背景として、或いは地盤として作られることが要求されているとも云われ得るであろう。実際、哲学において「思想」に対する要求は根源的なものであって、思想的要素を除外して純粋な「理論」として哲学を打ち建てようという主張そのものが既にひとつの思想として、云い換えれば、ひとつの世界観乃至《ないし》人生観として受取られるというほどである。思想は哲学において飽く迄《まで》理論化されることを要求されるけれども、しかし思想は思想として直観的に理解されるという性質を失わないであろう。それ故に豊富な思想によって生かされている哲学は「理窟《りくつ》でなしにわかる」という方面をもっている。かかる見地からすれば、哲学がむつかしいと云われるのは、哲学における思想の貧困にもとづくものと見られよう。

よく云われることは、現在の日本の哲学のむつかしいのは、それが西洋の哲学の模倣であり、飜訳であるからである、ということである。しかしそういえば、数学だって物理学だって根本においては同じことではないかという議論もできよう。哲学は実にへんてこな言葉を使うのでわからないと云う。しかし物理学の術語でも、数学の符号ですらがしろうとにはわからないものではないか。哲学上の種々なる術語も少し勉強すればわかる筈だ。こうして哲学がむつかしいと一般に云われるとき、それは根本において何か別の意味で語られており、そしてそれは哲学の或る特殊性に関係しているのでなければならぬ。即ち哲学には何かほんとうに模倣できないもの、飜訳できないものが含まれるのである。そのようなものは哲学の理論的要素ではなく、寧ろ思想的要素であろう。模倣や飜訳のできないものを模倣し飜訳しようとするから、むつかしくなり、わからなくなるのである。理論は模倣され飜訳されてもわかるものである（それがほんとうの模倣、ほんとうの飜訳でなければならぬことは云うまでもない）。そうでないのは思想である。しかも理論も哲学においては思想と結合しており、はなればなれのものでない。かくして哲学において要求されるのは「思索の根源性」であると云われ得るであろう。それだからして大哲学者の著作は多くの亜流の書いたものよりも本質においてわかり易い。思索の根源性があるからである。古典はそこいらの書物よりもわかり易い。およそ古典となるものには「天才的な単純さ」といったものがある。解説書よりも原典が結局わかり易いということは多くの場合に経験されることである。そこで哲学において大切なのは思索の根源性でなければならぬ。自分でしっかり考えて書いたものなら、わかり易いのである。自分で考えるといっても、必ずしもいわゆる独創的であることをいうのではない。哲学の歴史を少し綿密に辿《たど》った者は、いわゆる独創的なものがそんなに多くはないことを知るであろう。またあらゆる哲学研究者に独創的であることを期待し得るわけのものでなく、希望されることは思索の根源性ということである。他の哲学を模倣したり飜訳したりするのでなく、他の哲学に従って或いはそれを手引として自分自身で考えるということである。そういう思索の根源性がなければ他の哲学がほんとうにわかることもできぬであろう。芸術に関して真の享受は或る創作活動であると云われるのと同様である。思索の根源性によって何よりも哲学上の問題が生きて来るのであり、問題が生きているということがまたひとにとってわかり易くなる一つの要点である。そのうちに問題が生きているものは何といってもわかり易い。そういう問題は現実性を有する問題である。本からでなく、物から考えることが大事である。自分にとって現実的に問題になっていないことを、それが流行であるからといって、或いはそれについてひとが論じているからというので、問題にしたのでは、わからないものになるのは当然であろう。

現在の日本の哲学のむつかしいのは、あまりに折衷的乃至混合的であるためだとも云われ得る。そこでは思索の根源性が失われるからである。思索の根源性からいえば、自分にとってほんとに根源的に理解し、思惟《しい》し、研究してゆくことのできる立場というものが色々あり得るわけではなかろう。或る人にとって或る種類の哲学がコンジニヤル（性に合ったもの）であり、他の人にとっては他の種類の哲学がコンジニヤルである。自分にとってコンジニヤルな、従って運命的とも性格的ともいうべき哲学をやることが、自分にとっては固より、他人にとっても有益なことである。今の日本のように何か最新流行の哲学というようなものがあり、それが次から次へめまぐるしく変って行き、そして或るものが流行だといえば、誰も彼もが、従ってそれが自分の性に合っていない人々までが、それを追っかけるという傾向があっては、哲学がむつかしいと非難されても仕方がないであろう、なぜならそのような状態では思索の根源性も、純粋性も、それ故に徹底性もあり得ないからだ。流行を追うということは哲学の場合にも浪費を意味する。それは個人としても、哲学界全体としても、たしかに浪費である。そのような状態が特に日本において著しいというのは、日本にはまだしっかりした哲学の伝統がないためであろう。そしてこの伝統がないということが哲学のむつかしいひとつの原因であり、いな、その最大の原因であると云える。伝統がないから哲学が自然的な教養として一般人の間に行き亙《わた》っていない。伝統がないから哲学が他の諸文化のうちに浸潤していない。そのために哲学がむつかしいと思われる度が甚《はなは》だしいのである。哲学が芸術、科学等の諸文化の中に根を張るようになることが哲学のわかり易くなるために必要な条件である。そうなるための努力があまりなされていないのは遺憾である。哲学が哲学者仲間だけのあいだのものとなり、お互のあいだだけしか通じない言葉を語っているように見えるのは遺憾である。そのような傾向が哲学を無意味にむつかしくしているということがありはしないか。

またよく云われるのは、今の日本の哲学のむつかしいのはドイツ哲学の影響によるということである。これは一理あることであろう。フランスやイギリスの哲学はドイツのものに比してわかり易いように見える。しかしこれは本質問題とは無関係である。わかったように思われても、ほんとうにわかっているのでないことは、例えば、そういうフランス流の哲学を自分でやってみようとしても、なかなかできないということでも知られよう。それには性格と才能とが要る。然るにそのような性格や才能は、実際はドイツ流の哲学においても必要なのである。ドイツの哲学は概念的で、秩序整然たるものがあり、教科書として便利であり、それをつなぎ合わすれば何か論文らしいものができる。いわゆる哲学論文を作るにはドイツのものが都合がよかろう。しかしそういう風にして論文が作製されることが哲学をむつかしく、いな、わからないものにしているのである。論文作製の便法をすてて、ほんとうに哲学することの困難を知るために、もっとフランスのものが読まれることが望ましいかも知れぬ。フランス風のもので哲学的と思われるようなものを書くことは容易でないのである。そういうところから自然ドイツ流の哲学におもむくということがなければ仕合せである。ドイツのものなら何でも大事に読むという傾向があまり甚しくはないか、そして実は亜流のものをあまりに大切に読むということの影響で哲学がむつかしくなっているのではないかと感じられるのである。読書は哲学にとっても大切だ。しかし何でも構わず手あたり次第に読んでいると、善いものと悪いものとの区別ができなくなってしまう。その影響が恐れられねばならぬ。

今の日本の哲学がむつかしいのは、それがあまりにこせこせしていて、余裕がないためであると云える。古典的なものにはゆとりがあり、落着いたところがある。しかしそのようなところが出て来るというのは実に容易なことではない。それはとにかくとしてもっと余裕のあるものを書くように努力したいということは、このことが忘れられがちだから、云っておかれてよいと思う。

本質問題を離れて、哲学をわかり易くするために啓蒙《けいもう》的な論文や書物がもっとできることは望ましいことに相違ない。哲学は学問である限りそのような啓蒙的なものが書かれ得る筈である。それは実際にそういう能力のある人によって書かれなければならぬ。啓蒙的なものだからといって、誰にでも書けるわけのものでなく、それは普通に想像される以上に困難な仕事だ。その困難のほんとうにわかる人が、それに打ち克《か》ちつつ啓蒙的なものを書いてくれることが希望される。固《もと》より、啓蒙的ということと俗流化ということとは厳密に区別されねばならぬ。俗流化されることによって哲学はほんとにわかるようになるのでなく、唯わかったような気がさせられるだけであり、実は何もわかることにならないのである。俗流化は哲学を失う、哲学をなくすることは哲学をわかるようにすることではなかろう。哲学をわかり易くするという口実のもとに、俗流化によって、哲学そのものが抹殺《まっさつ》されたり、哲学的精神が失われたりすることがありはしないかを警戒せねばならぬ。啓蒙は哲学そのものの啓蒙であり、哲学的精神の啓蒙でなければならぬ。それだからほんとうの「哲学者」だけが哲学について真に啓蒙的であることができる。そういう意味で古典こそ最上の啓蒙書なのである。哲学において重要なのは、物の見方であり、考え方であり、方法である。結論でなく、過程が、方法が特に大切なものであるところに哲学的啓蒙の特殊な困難がある。然るに方法は、その方法が生きて生産的にはたらいているところにおいて最もよく学ばれ得るものであり、従ってそのためには大哲学者の著作につくのが最もよいのである。そのようなことを離れても、大哲学者の書いたものには何か啓蒙的精神といったようなものが含まれているのではないかと思う。科学としての哲学の理念と共に教育としての哲学の理念をたてたところにプラトンの偉大さが忍ばれる。啓蒙的、教育的、指導的精神と云えば、何か嫌なものに感ぜられるかも知れないが、とにかく、ひとに呼びかけるといったところが偉大な哲学には含まれているようである。そういうものの欠乏が哲学をむつかしく思わせているのではないか。独語的な哲学はむつかしい。

これが質問に対する私の感想的な答であり、それはまた私自身にいいきかせる言葉である。

如何《いか》に読書すべきか

一

先ず大切なことは読書の習慣を作るということである。他の場合と同じように、ここでも習慣が必要である。ひとは、単に義務からのみ、或いは単に興味からのみ、読書し得るものではない、習慣が実に多くのことを為《な》すのである。そして他のことについてと同じように、読書の習慣も早くから養わねばならぬ。学生の時代に読書の習慣を作らなかった者は恐らく生涯読書の面白さを理解しないで終るであろう。

読書の習慣を養うには閑暇を見出すことに努めなければならぬ。そして人生において閑暇は見出そうとさえすれば何処《どこ》にでもあるものだ。朝出掛ける前の半時間、夜眠る前の一時間、読書のための時間を作ろうと思えば何時《いつ》でもできる。現代の生活はたしかに忙しくなっている。終日妨げられないで読書することのできた昔の人は羨望《せんぼう》に値するであろう。しかし如何に忙しい人も自分の好きなことのためには閑暇を作ることを知っている。読書の時間がないと云うのは読書しないための口実に過ぎない。まして学生は世の中へ出た者に比して遥《はる》かに多くの閑暇をもっている筈だ。そのうえ読書は他の娯楽のように相手を要しないのである。ひとはひとりで読書の楽しみを味うことができる。いな、東西古今のあらゆるすぐれた人に接することができるというのは読書における大きな悦びでなければならぬ。読書の時間を作るために、無駄に忙しくなっている生活を整理することができたならば、人生はそれだけ豊富になるであろう。読書は心に落着きを与える。そのことだけから考えても、落着きを失っている現代の生活にとって読書の有する意義は大きいであろう。

読書を欲する者は閑暇を見出すことに賢明でなければならぬと共に、規則的に読書するということを忘れてはならない。毎日、例外なしに、一定の時間に、たとい三十分にしても、読書する習慣を養うことが大切である。かようにして二十年間も継続することができれば、そのうちにひとは立派な学者になっているであろう。読書の習慣は読書のための閑暇を作り出す。読書の時間がないと云う者は読書の習慣を有しないことを示している。読書の習慣を得た者は読書のうちに全く特別の楽しみを見出すであろうし、その楽しみが彼を読書から離さないであろう。

他の場合においてと同様、読書にも勇気が必要である。ひとは先ず始めなければならぬ。我々はつねに読書に好都合な状態にあるのではない。読書に好都合な状態ができてから読書しようと考えるならば、遂に読書しないで終るであろう。ひとたび読書し始めるならば、落着かない心も落着き、憂いも忘れられ、不運も心にかかることなく、すべて読書に好都合な状態が生ずるであろう。いやいやながら始めて、やがて面白くなってやめられなくなる場合が多い。先ず読書することから読書に適した気分が出てくる。ひとたび読書の習慣を得れば、習慣があらゆる情念を鎮めてくれる。落着いた大学生といわれる者はたいてい読書の習慣を有するものである。

二

読書は一種の技術である。すべての技術には一般的規則があり、これを知っていることが肝要である。読書法についても古来いろいろ書かれてきた。しかし技術は一般的理論の単なる応用に過ぎぬものではない。技術においては一般的理論が主体化されねばならず、主体化されるということは個別化されるということである。これがその技術を身につけることであって、身についていない技術は技術と云うことができぬ。読書にとって習慣が重要であるというのも、読書が技術であることを意味している。技術は習慣的になることによって身につくのであり、習慣的になっていない技術は技術の意義を有しないであろう。そのことは固より読書にとって一般的規則が存在しないことを意味するのではない、もし何等の一般的規則も存在しないとすれば、それが技術であることもできぬ筈である。

一般的規則の主体化を要求する点において、すでに手工業的技術は工場的生産の技術よりも遥かに大きいものがあるであろう。まして読書の如き精神的技術にあっては、一般的規則が各人の気質に従って個別化されることが愈々《いよいよ》必要になってくる。めいめいの気質を離れて読書の技術はないと云っても好いほどである。読書法は各人において性格的なものである。それ故に各人にとって自分に適した読書法を発明することが最も大切である。読書の技術においてひとはめいめい発明的でなければならぬ。もちろんこの場合においても発明の基礎には一般的規則がある。しかし自分の気質に適した読書法を自分で発明することに成功しない者は、永く、楽しく、また有益に読書することはできないであろう。

ところでかように自分自身の読書法を見出すためには先ず多く読まなければならぬ。多読は濫読《らんどく》と同じでないが、濫読は明かに多読の一つであり、そして多読は濫読から始まるのが普通である。古来読書の法について書いた人は殆どすべて濫読を戒めている。多くの本を濫《みだ》りに読むことをしないで、一冊の本を繰り返して読むようにしなければならぬと教えている。それは、疑いもなく真理である。けれどもそれは、ちょうど老人が自分の過去のあやまちを振返りながら後に来る者が再び同じあやまちをしないようにと青年に対して与える教訓に似ている。かような教訓には善い意志と正しい智慧《ちえ》とが含まれているであろう。しかしながら老人の教訓を忠実に守るに止まるような青年は、進歩的な、独創的なところの乏しい青年である。昔から同じ教訓が絶えず繰り返されてきたにも拘《かかわ》らず、人類は絶えず同じ誤謬《ごびゅう》を繰り返しているのである。例えば、恋愛の危険については古来幾度となく諭《さと》されている。けれども青年はつねにかように危険な恋愛に身を委《ゆだ》ねることをやめないのであって、そのために身を滅す者も絶えないではないか。あやまちを為すことを恐れている者は何も摑《つか》むことができぬ。人生は冒険である。恥ずべきことは、誤謬を犯すということよりも寧《むし》ろ自分の犯した誤謬から何物をも学び取ることができないということである。努力する限りひとはあやまつ。誤謬は人生にとって飛躍的な発展の契機ともなることができる。それ故に神もしくは自然は、老人の経験に基く多くの確かに有益な教訓が存するにも拘らず、青年が自分自身でつねに再び新たに始めるように仕組んでいるのである。だからといって、もちろん、先に行く者の与える教訓が後に来る者にとって決して無意味であるというのではない。そこに人生の不思議と面白さとがあるのである。読書における濫読も同様の関係にある。濫読を戒めるのは大切なことである。しかしひとは濫読の危険を通じて自分の気質に適した読書法に達することができる。一冊の本を精読せよと云われても、特に自分に必要な一冊が果して何であるかは、多く読んでみなくては分らないではないか。古典を読めと云われても、すでにその古典が東西古今に亙って数多く存在し、しかも新しいものを知っていなくては古典の新しい意味を発見することも不可能であろう。読書は先ず濫読から始まるのが普通である。しかしいつまでも濫読のうちに止まっていることは好くない。真の読書家は殆どみな濫読から始めている、しかし濫読から抜け出すことのできない者は真の読書家になることができぬ。濫読はそれから脱却するための濫読であることによって意味を有するのである。

濫読に止まるなということは多読してはならぬということではない。多読家でないような読書家があるであろうか。寧ろ読書家とは多読家の別名である。諺《ことわざ》に、賢者はただ一冊の本の人間を恐れる、という。ひとは多く読まなければならぬ。読書の必要はただ一冊の本の人間にならないために、云い換えれば、一面的な人間にならないために、存在するのである。単に自分自身の時代のみでなく、また過ぎ去った時代について、単に、自分自身の国のみでなく、また世界について、全体の生活と思想について正しい見通しを得るために、多く読まなければならぬ。即ち読書において一般的教養を心掛けることが大切である。読書家とは一般的教養のために読書する人のことである。単に自分の専門に関してのみ読書する人は読書家とはいわれぬ。教養とは或る専門の知識を所有することをいうのではなく、却《かえ》って、教養とはつねに一般的教養を意味している。専門家になるために読書の必要のあることは云うまでもないが、ひとは特に一般的教養のために読書しなければならぬ。そして専門家も一般的教養を有することによって自分の専門が学問の全体の世界において、また社会及び人生にとって、如何なる地位を占め、如何なる意義を有するかに就いて正しい認識を得ることができるのである。専門家も人間としての教養を具《そな》え専門家の一面性の弊に陥らないように読書は勧められるのである。そのうえ自分の専門以外の書物から専門家が自己の専門に有益な種々の示唆を与えられる場合も少くないであろう。かくして多読は濫読の意味においては避くべきことであるとしても博読の意味においては必要であると云わねばならぬ。

然るに濫読と博読とが区別されるようになる一つの大切な基準は、その人が専門を有するか否かということである。何等の方向もなく何等の目的もない博読は濫読にほかならぬ。一般的な読書に際しても、ひとはなお何等か専門というべきものを有しなければならぬ。一般的教養も専門によって生きてくるのであって、専門のない一般的教養はディレッタンティズムにほかならない。一般的教養と専門とは排斥し合うものでなく、むしろ相補わねばならぬものである。ひとは固《もと》よりつねに一定の目的をもって読書するものではない。何か目的がなければ読書しないというのは読書における功利主義であって、かような功利主義は読書にとって有害である。目的のない読書、いわば読書のための読書というものも大切である。これによってひとは一般的教養に達することができる。一般的教養を得るという目的で一定の計画に従って読書することは勿論《もちろん》善いことではあるが、しかしかような計画は実行されないのが普通であって、むしろ若い時代から手当り次第に読んだものの結果が一般的教養になるという場合が多い。一般的教養は目的のない読書の結果である。けれども当てなしに読んだものが身に附いて真の教養となるというには他方専門的な読書が必要である。専門のない読書は中心のない読書であって、如何に多く読んでも何も読まなかったに等しいことになる。いわゆる読書家の陥り易い弊はディレッタンティズムである。

三

如何に読むべきかという問題は何を読むべきかという問題と関聯《かんれん》している。ひとは凡《すべ》ての書物を同じ仕方で読むことはできないし、また同じ仕方で読んではならぬ。博く読むためには書物の種類に従って読み方を変えなければならない。そこに読書の技術があるのである。

何を読むべきかに就いては、もちろん、善いものを読まねばならず、悪いものを読んではならぬということは明かである。悪い本を読むことはそのこと自身無益であるばかりでなく、悪い本を読んでいるうちには善いものと悪いものとを区別することができなくなってしまうという危険がある。ひとはただ善いものを読むことによって善いものと悪いものとを見分ける眼を養うことができるのであって、その逆ではない。善い本は必ずしも読み易い本ではない。大きな、分厚な、むつかしい本であるからといって避くべきではなく、その方面で最も善い本を読むように努めなければならぬ。読書においても努力が大切であり、そして努力はつねに報いられるのである。やさしい本、読者に媚《こ》びる本ばかりを読んでいては、真の知識も教養も得ることができぬ。一度でその本が全部理解されなくても好い、ともかく善いものにぶっつかってゆくことが肝要である。もし一度で理解することができなければ、暫《しば》らく間をおいて再び読むようにするが好い。努力して読書する習慣を作ることが大切である。尤も、むつかしい本、大きな本がつねに善い本であるという風に誤解してはならぬ。それはペダンチックな人の陥る誤解である。善い本は本質的に云ってすべて最も理解し易い本であるというのみでなく、初めから困難なしに読める本にも善い本は多いのである。そして読書においてぶっつかる困難を克服するためには系統的に読むことが大切である。読書も無秩序であっては益がなく順序を追うて読むようにしなければならぬ。先輩の意見を聞くことが有益であるのは何よりもこの点についてである。

一般に何が善い本かといえば、もちろん古典といわれるような書物である。古典は歴史の試煉を経て生き残ってきたものであり、すでに価値の定まった本である。古典は決して旧《ふる》くなることがなく、つねに新しく、つねに若々しいところを有している。古典を読むことによってひとは書物の良否に対する鑑識眼を養うことができるのである。古典を愛しないような真の読書家はなく、古典についての教養を有しないような真の教養人はない。古典はつねに安心して読むことができ、幾度繰り返し読んでもつねに新たな利益を得ることのできるものである。かように価値の定まった本を読むように心掛けねばならぬところから、人々は屢々《しばしば》、古典というほどでなくても既にいくらかの年数を経てなお読まれているような本を読むことにして、新刊書をすぐ手に取ることはやめねばならぬという風に忠告している。これは確かに有益な忠告である。ただ新刊書ばかり漁《あさ》るのは好くないことに相違ない。しかしながら読書における尚古《しょうこ》主義にもまた限界がある。アカデミズムに対してジャーナリズムには独自の意義があるように新刊書を読むということにもそれ自身の意義があるのである。時代の感覚に触れるために、また今日の問題が何処《どこ》にあるかを知るために、ひとは新刊書に接しなければならぬ。新しい感覚をもち新しい問題をもって対するのでなければ古典も生きてこないであろう。すべて過去が活かされ、伝統が甦《よみがえ》ってくるのは現在からである。古典を顧みないというのは固より悪いことであるが、新刊書を恐れるというのも正しくないことである。古典は安心して読むことができる本であるに対して、新刊書を読むことは一種の冒険である。しかし読書においても冒険するのでなければ得ることがないであろう。古典を偏愛して新刊書を嫌悪する者において読書は単に趣味的になる傾向があり、一種のディレッタンティズムに陥り易い。しかしまた新刊書ばかり漁って古典を顧みない者も他の種類のディレッタンティズムに陥る危険がある。読書にも年齢があり、老人は古典的なものを好み、青年は新しいものを求めるというのが普通である。青年が新刊書を喜ぶということはその知識欲の旺盛《おうせい》を示すものであって排斥すべきことではないが、しかしそこにはまた単なる好奇心の虜《とりこ》になる危険もあるのである。古典のために新刊書を軽蔑《けいべつ》することなく、新刊書のために古典を忘却することのないようにするのが肝要である。

古典を読むことが大切である如く、ひとはまたつねに原典を読むように心掛けねばならぬ。解説書とか参考書とかを読むことも固より必要ではあるが、本質的には原典を中心としてこれに頼らねばならぬ。原典はつねに最も信頼し得る書物である。例えばプラトンとかカントとかについて千の文献を読むにしても、原典を読むこと、これを繰り返して読むことをしないならば、深く根本的に学ぶことができぬ。第三者の書いた解説書よりも原典は本質的な意味においては一層理解し易いものである。多数の参考書を読むよりも一冊の原典を繰り返して読むことがそのものを摑むのに結局近道である。そのうえ原典は屢々解説書よりも短いという利益を有している。原典を読むことは読書を単純化するに必要な方法である。それは何よりも読書の経済化、簡易化を意味している。前に述べた規則的に読むという必要は原典の場合において特に大きいであろう。本はひとに読んで貰うのでなくて自分自身で読まねばならぬとすれば、この自分自身で読むという必要は原典の場合においては絶対的である。然るに世の中には文学上の作品についてさえ、それを自分で読まないで、他人の書いた解説や批評ばかりを読んでいる人が少くないのである。ひとはつねに源泉に汲《く》まねばならぬ。源泉はつねに新しく、豊富である。原典を読むことによって最も多く自分自身の考えを得ることもできるのである。

原典を読むことが必要であるように、できるだけ原書を読むようにすることが好い。どのような飜訳よりも原書がすぐれていることは確かである。原書の有する微妙な味、繊細な感覚は飜訳によって伝えられることが不可能である。そのうえ飜訳はすでに解釈であるということを知らねばならぬ。ひとは原語で読む困難を避けてはならない。飜訳で読むのが原書で読むのよりも速いということはあるにしても、ゆっくり読むことはそれだけ自分で考えながら読む余裕を与えることにもなるのであり、そしてこれは大切なことである。原書を読むには語学の力がなければならないが、その語学というものも決して手段に過ぎないようなものではなく、却って語学そのものが一つの重要な教養である。一つの国語はその民族の精神の現われであり、その思想の蓄積であるということができる。勿論あらゆるものを原語で読むということは不可能であり、またあらゆる場合に原語で読まねばならぬというわけではない。原語で読むことができないという理由でそれを読まないというのは悪い口実である。また飜訳で間に合わせて十分な書物も多い。しかし重要な本はできるだけ原書で読むようにしなければならぬ。飜訳の方が簡単であるからというので原語で読むことを避けようとするのは読書における便宜主義であって、便宜主義は読書においても有害である。

善い本を読まねばならぬことは明かであるにしても、何が善い本であるかを見分けることは容易でない。古典といわれるものは善い本であるに相違ないが、その古典も多数であって選択が必要であり、殊に新刊書の場合においては選択は愈々《いよいよ》困難である。自分ですべての本に当ってみることは不可能であるとすれば、読書の指針として他人の挙げた目録とか新刊紹介とかに頼らねばならず、すでに定評のあるものを読むようにしなければならぬ。しかしながら定評とか他人の意見とかにばかり頼るということは危険である。読書においてもひとは自主的でなければならず、発見的であることが大切である。各人は自分に適した読書法を見出さねばならぬように自分に適した本を見出すことに努めなければならぬ。単に自分に媚《こ》びるというのでなくて、自分に役立ち、自分を高めてくれるような本を読むようにしなければならぬ。各々の人間には個性があるのであるから、一人の人間に適する本がすべて他の人間にも適するというわけではない。読書においても個性は尊重されねばならぬ。一般に善い本といわれるものの中でも自分に適したものとそうでないものとが自分の個性によって決ってくる。読書においてひとは何よりも特に古典の中から自分に適したものを発見するように努力しなければならぬ。それによって自分の思想というものも作られてくるのであり、愛読書といわれるものも定まってくるのである。愛読書を有しない人は思想的に信用のおけない人であるとさえ云うことができるであろう。自分に適した善い本が決ってくれば読書もおのずから系統立ってくるのであって、即ちそれと同じ系統に属する書物を、或いは過去に遡《さかのぼ》り或いは現代に降《くだ》って、読むようにすれば好い。固より他の系統のものを読まなくても好いというわけではなく、却って偏狭にならないために博く読むことはつねに必要なことである。けれども無系統な博読は濫読に過ぎない。

四

善いものを読むということと共に正しく読むということが大切である。正しく読まなければ善いものの価値も分らないであろう。正しく読むということは何よりも自分自身で読むということである。マルクス・アウレリウスは彼の師について感謝をもって書いている。「ルスティクスは私に、私の読むものを精密に読むこと、皮相な知識で満足しないこと、また軽薄な批判者が云うことに直ちに同意しないことを教えた」。正しく読むことは自分の見識に従って読むことである。

正しく読もうというには先ずその本を自分で所有するようにしなければならぬ。借りた本や図書館の本からひとは何等根本的なものを学ぶことができぬ。高価な大部の全集とか辞典のようなものは図書館によるのほかないにしても、図書館は普通はただ一寸《ちょっと》見たいもの、その時の調べ物にだけ必要なもの、多数の専門文献のために利用されるのであって、一般的教養に欠くことのできぬもの、専門書にしても基礎的なものはなるべく自分で所有するようにするが好い。しかしただ手当り次第に本を買うことは避けねばならず、本を買うにも研究が必要であり、自分の個性に基いた選択が必要である。その人の文庫を見れば、その人がどのような人であるかが分る。ただ沢山持っているというだけでは何にもならぬ。自分に役立つ本を揃《そろ》えることが必要である。ただ善い本を揃えるというのでも足りない、すべての善い本が自分に適した本であるのではない。各人は自分に適した読書法を見出さねばならぬように、自分自身の個性のある文庫を備えるようにしなければならぬ。何を読むべきかについて、ひとは本に対する或る感覚を養うことが大切である。古本屋は自分の立場からであるにしても自分の決して読まない本に対して特殊な価値の感覚を有している。一つの本を見たとき読書家にも何かそれに類似の感覚がなければならぬ、さもなければ彼は読書において真に発見的であることができぬ。しかも本に対するこの感覚は本に親しむことによって得られるのである。

正しく読むためには緩やかに読まねばならぬ。決して急いではならない。その本から学ぶためにも、その本を批評するためにも、その本を楽しむためにも、緩やかに読むことが大切である。然るに緩やかに読むということは今日の人には次第に稀《まれ》な習慣である。生活が忙しくなり、書物の出版が多くなった今日においては、新聞や雑誌、映画やラジオなどの影響が深くなった今日においては、その習慣を得ることは困難になっている。自分で写本して読んだ昔の人には緩やかに読むという善い習慣があった。しかし今日においてもこの習慣を養うことは必要であり、特に学生の時代に努力されねばならぬ。勿論すべての本を緩やかに読まねばならぬというのではない。或る本はむしろ走り読みするのが好く、また或る本はその序文だけ読めば済み、更に或る本はその存在を知っているだけで十分である。そのような本が全く不必要な本であるというのでもない。すべての書物を同じ調子で読もうとすることは間違っている。しかし様々な本をただ走り読みしたり、拾い読みしたりするのでは根本的な知識も教養も得ることができぬ。自分の身につけようとする書物は緩やかに、どこまでも緩やかに、そして初めから終りまで読まなければならぬ。途中で気が変ることは好くない。最後まで読むことによって最初に書いてあったことの意味も真に理解することができるのである。他の仕事においてと同様、一冊の本にかじりついて読み通すということは読書の能率をあげる所以《ゆえん》である。

緩やかに読むということはその真の意味においては繰り返して読むということである。ぜひ読まねばならぬ本は繰り返して読まなければならぬ。繰り返して読むということは老人の楽しみであると云われるであろう。老人は新刊書を好まないで、昔読んだ本を繰り返して読むことを好むのが普通である。しかし繰り返して読むことは青年にとってもまた楽しみであり、有益でなければならない。繰り返して読むことは先ずよく理解するために必要である。左右を比較し前後を関係づけることによってよく理解することができる。よく理解するためには精読しなければならないのであって、精読は古来つねに読書の規則とされている。よく理解するためには全体を知っていなければならず、すべての部分は全体に関係づけられ、全体から理解されることによって、初めて真に理解されるのであり、そのためには繰り返して読むことが必要である。ひとは初めから全体を予料しながら読んでゆくのであるが、全体は読み終ったとき初めて現実的になるのであって、かくして飜《ひるがえ》って再び読み返すことが要求されるのである。尤も我々は必ずしもつねに直ぐ繰り返して読まねばならぬわけではない。読んでみて結局分らなかったものはそのままにしておいて、暫らく時を経て自分の知識や思索が進んだ時に再び取り出して読むようにするのも好い。以前に読んだことのある本を繰り返して読んでみるということは楽しいものである。その当時の記憶が甦《よみがえ》ってくるということもあろうし、また思わぬ誤解をしていたことを見出すということもあろうし、また新しい発見をするということもあるであろう。繰り返して読むということの楽しみは、その本と友達になるということの楽しみである。緩やかに読むことは大切であるが、最初から緩やかに読まねばならぬものは古典のように価値の定まった本であって、新しい本を手にした場合にはむしろ最初は一度速く読んでみてその内容の大体を摑《つか》み、それから再び繰り返して今度は緩やかに読むようにするのも好い。緩やかに読むということは本質的には繰り返して読むということである。

繰り返して読むことは細部を味うために必要である。一冊の本の全体の意味を摑むだけならば緩やかに読む必要もないのであって、繰り返して緩やかに読むことは寧ろその部分部分を味って読むために要求されることである。とりわけ古典的な書物には一見無駄に思われるようなところのあるものである。全く無駄のないような書物は善い書物ではない。一見無駄に思われるような部分からひとは思い掛けぬ真理を発見するに至ることがある。今日の多くの著述家とは違って昔の人は彼自身極めて緩やかに、自然に書いたということを考えねばならぬ。彼等の書物を味うために我々もまた緩やかに読まねばならず、繰り返して細部に亙って吟味しつつ読まねばならぬ。著者がさほど重要性をおかなかったところに読者が自分自身にとって重要な意味を発見するということは可能である。繰り返して読むことは読書において発見的であるために特に要求されている。

かように発見的であるということは読書において何よりも大切である。もちろん著者の真意を理解するということはあらゆる場合に必要なことであり、それにはできるだけ客観的に読まなければならず、そしてそれには繰り返して読むということが必要な方法である。自分の考えで勝手に読むのは読まないのと同じである。ひとはそれから何物かを学ぼうという態度で書物に対しなければならぬ。理解は批評の前提として必要である。かようにして客観的に読むということは大切であるが、しかし書物に対しては単に受動的であることは好くない。発見的に読むということが最も重要なことである。発見的に読むには自分自身に何か問題をもって書物に対しなければならぬ。そして読書に際しても自分で絶えず考えながら読むようにしなければならぬ。読書はその場合著者と自分との間の対話になる。この対話のうちに読書の真の楽しみが見出されねばならぬ。自分で考えることをしないで著者に代って考えて貰うために読書するというのは好くない。もとより自分自身だけで何でも考えることができるものであるならば、読書の必要も存在しないであろう。読書は思索のためのものでなければならず、むしろ読書そのものに思索が結び附かなければならない。悉《ことごと》く書を信ずれば書なきに如《し》かずと古人も云った。批評的に読むということは自分で思索しながら読むということであり、自分で思索しながら読むということは単に批判的に読むということにのみ止まらないで、発見的に読むということでなければならぬ。しかも発見的に読むためには既に云ったように自分自身の読書法を身につけることが必要である。そしてこの読書法そのものも自分が要求をもって読書することによっておのずから発見されるものである。

書物の倫理

洋書では滅多にないことだが、日本のこの頃の本はたいてい箱入になっている。これは発送、返品、その他の関係の必要から来ていることだろうが、我々にはあまり有難くないことのように思う。だいいち本屋の新刊棚の前に立ったとき、そのためにたいへん単調な感じを受ける。どの本もどの本も皆一様に感じられる。どれかを開けて内容を調べてみようとしても、箱があるのは不便だ。開いて見て元の箱に納めようとすれば、本には薄い包紙が着けてあるので、私のような不器用者にはなかなかうまく這入《はい》らず、ともすればその包紙を破ってしまう。他人の商品を毀損《きそん》したようで何となく気持が悪い。店の者が横で睨《にらみ》付《つ》けていはしないかと思わず赤い顔をすることもある。そういうわけで箱に這入った本は本屋にせっかく陳列してあっても不精と遠慮とから開けてみないことが多い。内容を見もしないで表題だけで本を買うわけにもゆかないから、箱のことは出版屋の方で何とか工夫はないものであろうか。本を買って持って帰って読む段になると、私などはたいていの場合箱は棄ててしまう。不経済な話だ。

尤《もっと》もこれは洋書を見慣れている我々の間だけのことかも知れない。この国では本の箱はよほど大切なものとみえて、だいいち古本屋に払うとなると、箱があるとないとで値が違う。私の持っている本は殆どみな箱がない。いつかも古本屋が来たとき「外国にいられた方は皆さんがこうです」とか云っていた。箱を大事にするということは書物を尊重するという日本人の道徳の現われであるようにも思われる。私が子供の頃には、本を読み始める時と読み終った時とには、必ずそれを手で推し戴《いただ》いて頭を下げるように云い附けられたものだ。これは私の家庭でそうさせられたばかりでなしに、その時分私の村の小学校でもそのようにする習慣があった。この頃はどうなったか。このように本を尊重するというのはもちろん決して悪いことではなく、ひとつの美徳でさえある。けれども一層大切なことは本を使うということである。本を使うことを学ばなければならない。本は道具と同じように使うべきものだということをしっかり頭に入れることが書物に対する倫理である。しかしどう使うかが問題だ。

そのような意味で誰かの文庫を調べてみると面白い。沢山に本が集めてあっても案外使えない文庫がある。それは持主が自分の文庫を使っていない証拠であり、またそれをほんとうに愛していない証拠である。尤も使う目的にも使い方にも人によって色々相違があろう。そこで或る人の文庫を見ればその人の性格がおのずから現われている。そこに文庫の倫理とでもいうべきものがある。文庫を見れば主人が何を研究しているかというようなことが分る以外に、そこに更に深いもの即ちその人の性格が自然ににじみ出ているのが面白い。本は自分に使えるように、最もよく使えるように集めなければならない。そうすることによって文庫は性格的なものとなる。そしてそれはいわば一定のスタイルを得て来る。自分の文庫にはその隅々に至るまで自分の息がかかっていなければならない。このような文庫は、丁度立派な庭作りの作った庭園のように、それ自身が一個の芸術品でもある。

そしてこのように性格的或いは個性的であることを私は特に今日の出版業者に向って希望したい。我が国の本屋は外国の本屋に比べてどうも個性が薄いように感じられないであろうか。ドイツのトイプネルにしてもジーベックなどにしてもそこから出る本にはそれぞれ一定の特色がある。フランスあたりの本屋にしても、こんな本は多分アシェットから出ているだろう、恐らくアルカンから出ているだろうと見当がつくぐらいである。ところが日本では或る本屋が或る形式、或る種類の本を出して成功すると、すぐ他で模倣する者が大勢出て来る。その結果つまり互に弱め合うということになる。出版においても銘々がもっと創意を貴び合うようになってほしい。その本屋から出る本は内容装釘《そうてい》共に全体としてきちんとした一定の特色が貫いているというのが好ましいことだ。そういう色がすぐさま読者の頭に思い浮ぶことのできるようにして貰いたい。それが本屋の倫理ではないかと思う。

善い本を繰り返して読むということは平凡な、しかし思い出す毎に身につまされる読書の倫理だ。先達でもフロベールの手紙を読んでいたら、次のような文句があったので、私はまたアンダーラインした。「作家の文庫は、彼が毎日繰り返して読まねばならぬ源泉であるところの五冊か六冊までの本から成っているべきである。その余の本について云えば、それを知っているのはよいことだ、しかしそれきりのことである」。繰り返して読む愛読書をもたぬ者は、その人もその思想も性格がないものである。ひとつの民族についても同様であって、民族が繰り返して読む本をもっているということは必要だ。それが古典といわれるものである。かくの如き古典の復刻ということは出版業者にとってもひとつの重要な意味のある仕事でなければならぬ。しかしながらまたそのようなことは我々が多くの本を集めるということと矛盾しない。公共の図書館にしても個人の文庫にしても本が多ければ多いほどよいのはもちろんだ。本は道具と同じように使うべきものであるからである。そして使うということはそれを悉《ことごと》く始めから終りまで読むことと同じでない。或る本については、単にそれがあるということ、ただその表題だけを知っているということも十分有益である。尤も度々繰り返して読む愛読書をもたない人はその余の本を如何《いか》に使うべきかを学ぶこともできないであろう。本を書く者にしても、真面目な著者であれば、彼の本が少くとも二度は必ず読まれることを希望しているであろう。アンドレ・ジードも「私は再審においてのほか勝つことを願わない」という風なことを何処かで云っていたようだ。

どんな本を買って読むべきであろうか。既に数年を経て価値の定まった本をのみ読むようにエマーソンなどが教えている。しかしながら我々の読書欲はもっと新しいものを求め、また新知識を絶えず吸収するということは我々にとって必要である。私はそこで時々古本屋へ行って勉強するように勧めたい。本の夜店を見て歩くことなどもよい。箱入の新刊書のときにはどれもこれも同じように見えたものがここでは既にその間に区別ができている。絶版になって原価よりも高くなっているものもある。古本屋の陳列棚を見ておれば、どのような本が善い本であるかが誰にも自然に分るようになる。書物の良否についての鑑識眼は銘々の見地からその間におのずから養われる。古本屋を時々覗《のぞ》くということは読者にとってのひとつの修養である。それは出版業者にとっても多く参考になることではなかろうかと思う。著者にとっては尚更《なおさら》のことだ。書物の倫理は古本屋において集中的に現われている。あらゆる本は古本屋において性格化している。これはもちろん値段の点からのみ云われることではない。ところで書物に対する著者の倫理とは如何なるものであろうか。フロベールがまた書いている「多く読み、多く想わねばならぬ、つねにスタイルのことを考えそして出来るだけ少く書くようにせねばならぬ、ひとつの形式をとることを求め、そして我々がそれの厳密正確な形式を見出すに至るまでは我々のうちで他の意味に変るイデーの激動を鎮めるためにのみ書くようにせねばならぬ」。多く読み、多く考え、そして出来るだけ少く書くこと、それが著者の倫理である筈である。しかし読むというにも沢山の違った仕方があるのであって、そして良く読むというには多くのエスプリが必要なのである。

軽蔑《けいべつ》された飜訳《ほんやく》

我々は我々の書いたものを互にもっと読むようにしたいと思う。私は必ずしもそれを尊重せよというのではない。正直に云って、日本の学界の水準は西洋の学界の水準よりも低いことを認めねばならぬ。そしてものがそれの本質的な価値に相応して尊重されるということは正しいことであり、善いことである。私の求めているのは親切である。日本人は日本人の書いたものを互にもっと親切に読むようにしたいと思う。我々は互に他の人のものをもっと率直に理解し、もっと親切に批評するようにしなければならぬ。そうしてこそ我々の間に文化の共通な、広い地盤が作られ、その上に初めて我々の独自な文化が花を開くことも出来るのである。然るに我が国の学者は少くとも同国人のものをあまり読まなさ過ぎるのではないか。

これには色々な理由があろう。しかしその一つが日本の学者の多くは自分の国の言葉を愛しないというところにあるのは確かなように見える。言葉を愛することを知らない者に好い文章の書ける筈がない。悪文、拙文は我々の間では学者にとって当然なことであると思われている。あの人は学者にしては文章がうまい。などと平気で語られているのである。然るに若《も》し言葉と思想とが離すことのできぬ内面的関係をもっているとすれば、このような事実は、少くとも一面に於いては我が国の学者に自分自身の思想を求め、形作ろうとする衝動と熱意とが欠けているということの証左でなければならぬ。ひとは自分自身の思想を求め、形作るとき、自分自身の言葉を求め、形作る。

歴史がこのことを証明している。近代のドイツ哲学はギリシア哲学に比肩し得べき偉大な世界史的事実である。このようなドイツ哲学の発展の発端をなしたのはライプニッツであったが、彼はその当時すさまじい勢でこの国へ侵入して来たフランス語に対し、また伝統的なラテン語に対して、母国語の価値に関するいくつかの文章を書いてドイツ人に警告し、ドイツ語をラテン語に代えて学術語として使用することを主張した。彼はドイツ語で哲学上の論文を書いた最初の人に属している。そのほか、彼はローマ法をドイツ語に飜訳してしまうことの必要を力説した。またヘーゲルが自分の思想を出来るだけ純粋なドイツ語で表現することに努め、ラテン語から来た言葉をさえ避け、寧《むし》ろ俗語を活用しようとしたのは有名な事実である。このようにして、全くドイツ固有な言葉の意味を有するかの「ガイスト」（精神）の哲学が完成されるようになったのである。

哲学者ライプニッツもその必要を大いに認めた飜訳というものの意味は、外国語を知らない者にその思想を伝達することに尽きるのではない。思想と言葉とが密接に結合しているものである限り、外国の思想は我が国語をもって表現されるとき、既にもはや単に外国の思想ではなくなっているのである。意味の転化が既にそこに行われている。このときおのずから外国の思想は単に外国の思想であることをやめて、我々のものとして発展することの出来る一般的な基礎が与えられるのである。飜訳の重要な意味はここにある。このことを考えるならば、飜訳でものを読むということは学問する者にとって恥辱でないばかりか、必要でさえあることが分る。

支那や日本に於ける仏教の発達の場合を見よ。この独自な発達は原典ではなく、却《かえ》って飜訳書の基礎の上に行われたのである。或いはポエチウスによるアリストテレスのラテン訳が中世のスコラ哲学の発展に与えた影響、或いは聖書のルッテル訳がドイツ文化の発展に及ぼした影響などを想い起すがよい。何でも原書で読まねばならぬと思い込んでいることが如何《いか》に無意味であるかが分るであろう。

然るに日本の学者の多くは何故《なぜ》かそのように思い込んでいるのである。彼等は飜訳書を軽蔑することをもって学者の誇であるかのように考えている。なるほど、どのような飜訳も、飜訳たるの性質上、不正確、不精密を免れない。誤訳なども多い。しかしこのような欠点は語学者や註釈学者にとっては最も重大な性質のものであって、自分で考えることを本当に知っている者にとっては何等妨害とならないのみか、そのような不正確、不精密、誤訳から却って面白い独創的な思想が引出されている場合さえあるのである。これは少し綿密に思想の歴史を研究した人には容易に認められ得ることである。

私は固《もと》より誤訳の出現を希望する者ではない。寧ろ正反対である。しかし私は今日学問する人が、先ずもっと我々同志の書いたものに注意すると共に、次に日本語になった飜訳書をもっと利用することを希望せずにはいられない。原書癖にとらわれて飜訳物を軽蔑し、折角相当な飜訳が出ているのに読まないで損をしている学徒も多い。どんなものでも原書で読もうとしているために、自分で考える余裕を奪われている人もある。なんと云っても飜訳なら速く読める、その上飜訳書はその内容の要領を摑《つか》む点から云っても便利であると思う。原書癖を矯正することによって得られる利益は想像されるよりもずっと大きいだろう。我々はまだまだ外国思想を移植する必要がある。けれどもこのことと原書癖とは区別されねばならぬ。飜訳書は学者以外の者の読むものであるかのように考えている偏見をなくすることが必要であると思う。

辞書の客観性

私がヴォルテールの『哲学辞書』を買ったのは、たしか大黒屋という本屋であったと思う。これは京都ホテルの前にあった洋書屋で、ホテルに来る外人が主な客であったらしいが、現在はなくなってしまったようだ。京都で洋書を売っていたのは丸善とここととの二軒であったので、私は学生時代に折々出掛けて行ったが、或る時この本を見出したのである。初めそれを手に取ったとき、ヴォルテールと哲学辞書とがうまく結び附かなかった。ヴォルテールが辞書を編纂《へんさん》するような人と考えられなかったし、その内容も一見普通の辞書のようではなかったので、当時フランスのものについて知識の極めて貧弱であった私は、実は、半信半疑であったのだが、ともかくフランマリオンの叢書《そうしょ》であるから、信用して買って帰った。今思い出して恥しい次第である。

その時分フランス語があまり読めなかった私は、語学の勉強のつもりで、字引を頼りに永い間かかってこの本を一通り読んでみた。それからである、辞書についての私の観念が変ったのは。それまで辞書といえば、言葉の意味が分らない時に引くもので、その記述は客観的で筆者の私見など加えらるべきものではないと考えていた。ヴォルテールの哲学辞書はこれとはまるで反対のものであったのである。項目は彼の立場から極めて主観的に選択され、それについて自分の哲学的見解が甚《はなは》だ自由に述べられている。その後東京に住むようになってから、或る時、京都へ行ったついでに丸善へ寄ったら、この本の英訳書があったのも、何か妙な縁であるように思われた。

辞書は引くもので、読むものではないというのが通念であろう。だが私は今、この考え方を改めて、辞書は読み物であり、しかも恐らく最上の読み物の一つであると思っている。仕事に疲れた時、無聊《ぶりょう》に苦しむ時、辞書を読むのは、なかなか楽しいものである。小型のもの、大型のもの、その時々の心理的状況に応じて適当に取り出すことにする。語学の辞書なども面白い読み物であるといえる。

高等学校時代には、私は畔柳都太郎《くろやなぎくにたろう》先生から英語を習ったが、先生は生徒に必ずウェブスターとかセンチュリーとかいった大きな辞書で調べてくるように命ぜられた。それを一々引くのは面倒な仕事であった。そのうえ私どもは誰もそのような高価な辞書を自分で持っていなかったので、学校の図書館へ通わねばならなかったのである。そんなわけで、小さな英語辞書、英和辞典でさえ間に合うものを、わざわざウェブスターやセンチュリーを引かせることは、あまりにペダンチックではないか、などと云って、私どもは内々不平であった。しかし今にして思うと、もしあの当時、辞書が読み物であるということが分っていたら、私どもはどんなに多くの利益を得ていたことであろう。

昨年の秋、私はピエール・ベールの『歴史・批評辞書』を手に入れることができた。これは三巻から成る第二版で、一七〇二年の発行である。別に『補遺』一巻（一七二二年）がある。前者はロッテルダムで、後者はジュネーヴで出版されている。この辞書の第一版は一六九五―九七年に出ているが、ヴォルテールの哲学辞書は一七六四年の出版であるから、私の持っている第二版にしても、それよりもかなり前のものである。ベールはフランス啓蒙《けいもう》時代の批評家・哲学者で、後にロッテルダム大学教授となり、デカルト学派に属するといわれる。私の手に入れたベールの辞書は何処《どこ》をどうして渡って来たのであろうか。或いは長崎あたりへ来ていた宣教師でも持っていたのではないかと想像される。ひまな時に読んでいると、ベールの辞書もやはり面白い、筆者の思想的立場が出ているからである。

読み物として面白いのは、云うまでもなく、筆者の見解を自由に書いた主観的な辞書である。私は辞書の歴史について詳しいことは知らないが、現代の辞書は、客観性を目差して発展して来たようである。これは辞書としては確かに進歩であるに相違ない。その記述の仕方も辞書的といった一種の型が出来て、正確とか簡潔とかを目的としている。だがその代りに最近の辞書は一般に乾燥無味になった。これは便利であるにしても、深味はなく、個性にも乏しいのである。学問的に見ても、この頃の辞書は研究的であるよりも、学界の通念を要約して述べるということが主となっているようである。かような辞書が必要であることは云うまでもなかろう。

しかしこの種の客観的な辞書の必要は教科書の必要とほぼ同じである。自分が専門にやっている学科については、辞書というものは案外役に立たないのではないかと思う。他の方面については、辞書はなるほど有益ではあるが、それは自分がそれについて知らないからである。辞書に依ってものを知ろうとしても、客観的な辞書というものは、だいいち面白く読めない。即座の必要には間に合うが、永く続けて読ませるものではない。客観的であろうとする辞書は何よりも先ず正確でなければならぬが、辞書の正確ということもなかなか問題である。新聞の記事は、こと、自分に関する限り、たいていどこか間違っているものであるが、それが他人のことになると、悉く《ことごと》正確であるかのような錯覚を起させる。辞書もまた同様の錯覚を起させ易い性質をもっているのである。

辞書の客観性ということは一見簡単な事柄のようで、実は複雑な問題である。語学や自然科学の辞書のような場合にはともかく客観性の基準が定められ得るにしても、社会科学、更に哲学になるとそれはなかなかむつかしいことだ。従って勢い術語の単なる説明に終ったり、種々の学説をただ形式的に分類して示すに止まったりすることになる。それが「辞書的客観性」というものであるのかも知れないが、それが真の客観性であるかどうかは、認識論的にやかましくいえば、いろいろ問題があることであろう。殊に多数の執筆者に依頼して辞書を編纂するという場合、統一が失われないようにするためには、各執筆者は自分の見解は棄てて、字句の解釈、学説の分類の程度に止まらざるを得ず、従って特性のないものになってしまうのである。内容の統一の点からいえば、一人の人間で全部の項目を書くとか、或る一定の学派に属する者のみが執筆するとかということが必要である。その場合には「辞書的客観性」は失われるであろうが、読んで却《かえ》って面白く、また却って有益でもある辞書が作られるであろう。そういう意味で、弁証法的唯物論を基礎として出来たソヴィエットの百科辞典の如き、興味深いものがある。多数の学者の執筆に成る辞書においては各項目毎に署名して責任を明かにすることが例になっているようだ。然るに現在日本の多くの辞書を見ると、署名しなければならぬほど自己独自の見解を記したものは稀《まれ》で、その殆どすべてが辞書的客観性を目標として書かれている。外国の辞書においては署名したものはそれが堂々たる一個の論文で、研究的価値をもっているのが多い。辞書の原稿にせっかく署名する以上、辞書的客観性を超えてかくの如くありたいものだと思う。

辞書的客観性を目標とした辞書のほかに、日本においても、もっと主観的な辞書が出来ても好かろう。それは辞書を読み物として取扱う私などの特に望むところである。自己独自の立場に立って、一人で辞書を書くというようなことが新たに試みられても面白かろう。ヴォルテールの辞書もやはり辞書である。トマス・アクィナスの『スンマ・テオロギカ』も辞書と見ることができるし、ヘーゲルの『エンチクロペディー』も或る意味で辞書であるといわれないことはない。概論書や入門書の如きものは多く出ているが、こうした形でなくて、それを辞書の形で書くことを企てるのも面白かろう。辞書のもっている啓蒙的意義は大きい。フランスのアンシクロペディストのような著作家の団体が生れてくることも意義がなくはなかろうと思う。

この頃折にふれてベールの辞書を開いてみているので、それに関聯《かんれん》して辞書についての感想をここに書き留めておく。

ハイデッゲル教授の想い出

私がハイデルベルクからマールブルクへ移ったのとちょうど同じ頃にハイデッゲル氏はフライブルクからマールブルクへ移って来られた。私は氏の講義を聴くためにマールブルクへ行ったのである。

マールブルクに着いてから間もなく私は誰の紹介状も持たずにハイデッゲル氏を訪問した。学校もまだ始まらず、来任早々のことでもあって、ハイデッゲル氏は自分一人或る家に間借りをしておられたが、そこへ私は訪ねて行ったのである。何を勉強するつもりかときかれたので、私は、アリストテレスを勉強したいと思うが、自分の興味は日本にいた時分から歴史哲学にあるのでその方面の研究も続けてゆきたいと述べ、それにはどんなものを読むのが好いかと問うてみた。そこでハイデッゲル教授は、君はアリストテレスを勉強したいと云っているが、アリストテレスを勉強することがつまり歴史哲学を勉強することになるのだ、と答えられた。そのとき私には氏の言葉の意味がよくわからなかったのであるが、後に氏の講義を聴くようになって初めてその意味を理解することができた。即ち氏に依れば、歴史哲学は解釈学にほかならないので、解釈学がどのようなものであるかは自分で古典の解釈に従事することを通じておのずから習得するのである。大学での氏の講義もテキストの解釈を中心としたもので、アリストテレスとか、アウグスティヌスとか、トマスとか、デカルトとかの厚い全集本の一冊を教室へ持って来て、それを開いてその一節を極めて創意的に解釈しながら講義を進められた。私は本の読み方をハイデッゲル教授から学んだように思う。

シュワン・アレーに定められた教授の宅へは私も時々伺ったが、そこにドイツ文学の古典の全集がぎっしり並んでいたのが特に私の注意を惹《ひ》いた。それを私はいささか奇異の感をもって眺めたのであるが、昨年『ヘルデルリンと詩の本質』という氏の論文を読むに至ってその関係が明瞭《めいりょう》になった。最近氏の講義には芸術論が多いということである。氏は一度フライブルク大学の総長になられ、あの『ドイツ大学の自己主張』にあるような思想を述べられたこともあるが、ナチスとの関係が十分うまく行かなかったためか、総長の職は間もなく退いてこの頃では主として芸術哲学の講義をしていられるようにいわれている。日本でもマルクス主義に対する弾圧が激しくなった頃多くの人が芸術論に逃れたことのあったのを私は想い起し、ハイデッゲル教授の現在の心境を察し、一般に哲学と政治との関係について考えさせられるのである。

マールブルクのハイデッゲル教授の書斎で私の目に留ったのはもう一つ、室の中央にあった教会の説教机に似て立ちながら本を読んだりものを書いたりすることのできる高い机である。あんな机が欲しいものだと時々想い出すのであるが、私はいまだそれを造らないでいる。

西田先生のことども

一

大正六年四月、西田幾多郎博士は、東京に来られて、哲学会の公開講演会で『種々の世界』という題で、話をされた。私は一高の生徒としてその講演を聴きに行った。このとき初めて私は西田先生の謦咳《けいがい》に接したのである。講演はよく理解できなかったが、極めて印象の深いものであった。先生は和服で出てこられた。そしてうつむいて演壇をあちこち歩きながら、ぽつりぽつりと話された。それはひとに話すというよりも、自分で考えをまとめることに心を砕いていられるといったふうに見えた。時々立ち停って黒板に円を描いたり線を引いたりされるが、それとてもひとに説明するというよりも、自分で思想を表現する適切な方法を模索していられるといったふうに見えた。私は一人の大学教授をでなく、

「思索する人」そのものを見たのである。私は思索する人の苦悩をさえそこに見たように思った。あの頃は先生の思索生活においてもいちばん苦しい時代であったのではないかと思う。その時の講演は『哲学雑誌』に発表されて、やがてその年の秋出版された『自覚に於ける直観と反省』という劃期《かっき》的な書物に跋《ばつ》として収められたが、この本は「余の悪戦苦闘のドキュメント」であると、先生自身その序文の中で記されている。

その年、私は京都大学の哲学科に入学して、直接西田先生に就いて学ぶことになった。私がその決心をしたのは、先生の『善の研究』を繙《ひもと》いて以来のことである。それはこの本がまだ岩波から出ていなかった時で、絶版になっていたのを、古本で見附けてきた。その頃先生の名もまだ広く知られていなかったが、日本の哲学界における特異な存在であるということを私は聞かされていた。その後先生の名が知れ亙《わた》るようになったのは、当時青年の間に流行した倉田百三氏の『愛と認識との出発』の中で先生のこの本が紹介されてからのことであったように記憶している。『善の研究』は私の生涯の出発点となった。自分の一生の仕事として何をやっていいのか決めかねていた私に、哲学というものがこのようなものであるなら、哲学をやってみようと決めさせたのは、この本である。その時分は、一高の文科を出た者は東大へ進むことが極まりのようになっていたが、私は西田先生に就いて勉強したいと思い、京大の哲学科に入ろうと考えた。高等学校時代にいろいろお世話になった速水滉先生に相談したら、賛成を得た。かようにして私は友人と別れて唯ひとり京都へ行ったのである。中学を出て一高に入学した時にも、私は友達と離れて一人であった。つねに一人歩くことが何か自分の運命であるかのように思われて淋しかったが、それでもあの時はただ漠然とした憧《あこが》れで田舎から東京へ上ったのに、今度は逆に東京から京都へ下ることであったにしても、はっきりした目標があったので勇気を与えられた。

その時分は九月の入学であったが、七月の初め、私は帰省の途次、速水先生の紹介状を持って洛北《らくほく》田中村に西田先生を訪ねた。どんな話をしたらいいのか当惑していると、先生は出てこられるとすぐ「君のことはこの春東京へ行った時速水君からきいて知っている」といって、それから大学の講義のこと、演習のことなどについていろいろ話して下さった。哲学を勉強するには先ず何を読めばいいかと尋ねると、先生は、カントを読まねばならぬといって『純粋理性批判』を取り出してきて貸して下さった。その頃は世界戦争の影響でドイツの本を手に入れることが困難で、高等学校の友人の一人がレクラム版の『純粋理性批判』のぼろぼろになったのを古本屋で見附けてきて、得意気にいつも持ち廻っているのを、私どもは羨《うらや》みながら眺めていたというような有様であった。

最初にお目にかかったとき親切にして戴《いただ》いた印象があったからであろう、その後私は学生時代、月に一二度は先生のお宅に伺ったが、割に気楽に話をすることができた。先生は自分から話し出されるということが殆どなく、それでせっかく訪ねてゆきながら、どんな質問をしていいのか迷って黙っているうちに半時間ばかりも時が経って、遂に自分で我慢しきれなくなり「帰ります」というと、先生はただ「そうか」と云われるだけである、——そんなことが多いと学生仲間で話していた。考えてみると、あの時代の先生は思索生活における悪戦苦闘の時代で、いわば哲学に憑《つ》かれていられて、私どもたわいのない学生の相手になぞなっていることができなかったのであろう。私は通学の途中、先生が散歩していられるのを折々見かけた。太い兵児帯を無造作に巻きつけて、何物かに駆り立てられているかのように、急いで大胯《おおまた》で歩いて行かれた。それは憑かれた人の姿であった。先生の哲学のうちにはあの散歩の時のようなひたむきなもの、烈しいものがあると思う。

二

西田先生の講義はいつも午後にあった。土曜日の午後の特殊講義は、京都大学の一つの名物になっていて、その時には文科の学生ばかりでなく卒業生も、また他の科の人々も聴きに来るので、教室はいつもいっぱいであった。私も入学してから外国に留学するまで五年間、先生の講義には休まないで出席した。先生はいつも和服であった。そして教壇をあちこち歩きながら、ぽつりぽつりと話された。時々立ち停って黒板に円を描いたり線を引いたりして説明される。その様子は、あの東京の哲学会で私が初めて先生の講演を聴いた時と同じであった。時には話がとだえて、教壇の上で黙って考え込まれる。そうかと思うと急に思索が軌道に乗ったかのように、せきこんで話される。いつもうつむいて話をされたが、急に目を上げて強度の近眼鏡の底から聴衆の方を見られることがある。それは話が一段落したか、講義が終ったしるしである。二時間の講義であったが「今日は疲れているからこれでよす」と云って、一時間ばかりでしまわれることもあった。その言葉にはまたそれで私たちの心を打つものがあった。きっと先生は前夜おそくまで勉強されていたのだな、と私たちはすぐ感じることができたからである。

先生の講義は教授風のものとはまるで違っていた。それは何か極ったものをひとに説明してきかせるというようなものでなく、ひとを一緒に哲学的探求に連れてゆくというようなものであった。たいていの人が先生の書物は難解であるという。しかしその強靱《きょうじん》な論理を示す文章の間に、突然魂の底から迸《ほとばし》り出たかのような啓示的な句が現われて、全体の文章に光を投げる。それまで難解をかこっていた読者は急に救われたかのような思いがして、先を読み続けてゆく。先生の講義もやはり同じようであった。先生の本を読んでわからなかったことが、ぽつりぽつりと講義をされる先生の口から時々啓示のように閃《ひらめ》いて出てくる言葉によって突然はっきりわかってくることがある。先生の座談が私にはやはりそうであった。恐らく先生は論文を書いてゆかれるうちに、講義をしてゆかれるうちに、ひとと座談をされるうちに、初め自分に考えていられなかったような思想の緒を見出されるのではあるまいか。『自覚に於ける直観と反省』以来、文字通りに悪戦苦闘しながら先生が体系家として生長された時代に、私は先生の学生であったことを幸福に思う。先生のあの独特な講義の仕方を考えて、私は特にそのことを感じるのである。それは単に説明を与えられることでなく、先生の場合、その哲学がどのようにして作られてゆくかを直接に見ることであった。

弟子たちの研究に対しては、先生はめいめいの自由に任されて、干渉されることがない。その点、無頓着《むとんじゃく》に見えるほど寛大で、一つの型にはめようとするが如きことはせられなかった。先生は各人が自分の個性を伸ばしてゆくことを望まれて、徒《いたず》らに先生の真似をするが如きことは却《かえ》って苦々しく感じられたであろう。こんなことをやってみたいと先生に話すと、先生はいつでも「それは面白かろう」といって、それに関聯《かんれん》していろいろ先生の考えを述べて下さる。そんな場合、私は先生に対して善いお父さんといった親しみを覚える。先生にはつねに理解がある。誰でも先生の威厳を感じはするが、それは決して窮屈というものではない。先生を訪問して、殆ど何も話すことができないで帰ってくる学生にしても、決して窮屈を感じたのではない。そんなところに先生の豪《えら》さがあると思う。先生は自分の考えを弟子たちに押し附けようとはせられない。自分から進んで求めるということがなく、しかし来る者を拒むということがない。直接先生から教を受けた者はもちろん、そうでない人々にも先生を師と仰ぐ者が多いのは、先生の哲学の偉大さに依ることは云うまでもないが、こうした先生の人柄にも依ることであろう。

先生の哲学は単にその天才にのみ依るものではない。先生はたいへんな勉強家である。七十歳を越えられた今日なお絶えず新しいものを勉強されているのである。勤勉が思想家の重要な徳であるということを私は先生から学んだ。哲学者と称する者の陥り易い瞑想癖《めいそうへき》から彼を救い、その瞑想を思索に転じ、思索のうちに瞑想的なものを活かさせることができるのは勤勉である。先生は非常な読書家でもある。絶えず外国の哲学界に注意し、新刊書なども広く読まれているようである。先生は西洋哲学輸入後日本において初めて独創的な哲学を組織された方であるが、また西洋の哲学で先生の手によって初めて我が国に紹介されたものも尠《すくな》くない。ベルグソンの哲学、リッケルトやコーヘン等の新カント派の哲学、ブレンターノやマイノングなどの独墺《どくおう》の哲学、フッサールの現象学などからバルトの弁証法的神学などに至るまで、先生はその最も有力な紹介者であった。またライプニッツを初め、先生によってその新しい意味を発見されて、我が国に普及するようになった西洋の哲学者も多い。先生の読書研究の範囲は広く、私どもの学生時代には、コーヘンなどの影響もあったのであろう、数学をよく勉強していられたようであった。多分先生の発議に依るものであろう、理科の園正造博士を招いて文科の学生のために集合論や群論の講義が行われたが、そのとき先生も出席して熱心に聴講されていた。その後或る時期にはマルクスなどを研究されたことがあり、近年はまたランケなど歴史の書物をよく読んでいられるようである。先生の本の読み方が独特のものであることは、大学での演習においても窺《うかが》うことができた。それは細部に亙って客観的に一々調べてゆくというのでなく、先生自身の立場から直観的にその本質的な内容を摑《つか》むという風であった。このような主観的な読み方がよくその本の客観的な本質に触れているのは驚くべきほどで、先生の直観力の深さを示すものであろう。先生にはまた本そのものに対する鋭い勘があって、善い本、有益な本、読まねばならぬ本を勘で見分けられることができるようである。その勘がまた実に正確である。かような直観は天分にも依るであろうが、また永い間多くの本に親しむことによっておのずから養われてくるものである。京大の哲学研究室が現在その方面で恐らく日本で最も良い蔵書を持っているのも、先生が教授時代に熱心に系統的に蒐集《しゅうしゅう》されたおかげであろうと思う。京都にいた時分、その研究室に本を借りに行くと、書庫に入って本を探していられる先生をよく見かけたものである。

先生の魂には何か不敵なものがある。お宅に訪ねた時など、有名な哲学者の名を挙げて、どうかと伺うと、いきなり「あれは駄目だ」という風に、ずばりと云い切られる。その簡単な批評がまたよく肯綮《こうけい》に当っていた。私は先生の直観の鋭さに敬服すると共に、先生のものに怯《お》じない不敵な魂を感じた。他の書物など、全く眼中にないようである。それでいて先生はまた実によく書物を読んでいられる。お宅に伺うとよく読みかけの本が机の上に置いてあって傍の紙片にその中の一二の重要な句が抜き書きされていたり、或いはそれを読みながら先生が思い附かれたことなどが書き附けられている。先生のメモはいつもドイツ語で書かれていたようである。

書物に対すると同様、先生の人物評もなかなか鋭い。それも一言でずばりとその本質を云い当てる確かさは、恐しいほどである。他の人など、まるで問題でないといった風である。そのような不敵なところ、烈しいところがある。一面、先生にはまた実にやさしいところ、涙もろいところがある。或る日、演習の時間に一人の学生が自分の当る番であるのに予習をしてきていなかった。先生は怒って「お前のような者は学校をやめてしまえ」と突然大きな声で云われた。ところが先生の眼を見ると、心なしか潤んでいた。私は先生の烈しい魂に接すると共に、先生の心の温かさを知って、目頭が熱くなるのを覚えた。先生はその不敵さ、その烈しさを内面に集中することに努められている。そして世間に対しては万事控え目で、慎しみ深く、時にはあまりに控え目に過ぎると思われることさえある。久し振りでお目にかかると「何某はどうしているか」、「何某はどうしているか」と、弟子たちのことを忘れないで尋ねられる。先生は実に弟子思いである。またお訪ねすると、時にはいきなり「どうだ、勉強しているか」と問われることがある。そんな時、自分が怠けてでもいると、先生のこの一問は実に痛い。しかし先生が私どものことを心配していて下さる心の温かさがわかっているので「これは勉強しなければならん」と考えて、私は先生のところから出てくるのである。

大学院にいた頃であったと思う、或る日、今は亡くなられた深田(康算)先生をお訪ねして、例の如く酒が出て先生が少し酔ってこられた時であった、話が西田先生のことに及ぶと、先生は「西田君はエスプリ・ザニモオの多い人ですね」と云われたのを、私は今も思い出す。嘗《かつ》て私はそれについて『文芸春秋』に随筆めいたものを書いたことがある。実際、西田先生には何かデカルトのいうエスプリ・ザニモオ(動物精気)のようなものが感じられる。そしてそれが先生のあのエネルギーの根源であるように思われるのである。先生は痩《や》せてはいられるが、なかなか精力的で、七十歳を越えられた今日でも、客と一緒に出された菓子や果物をぺろりと平げられ、茶をがぶがぶと飲まれる。あの強い精神力を示す執拗《しつよう》な思索のうちには何かこのような肉体的なものがあり、それが先生の文章の迫力ともなっているのではないかと思う。滅多に外に現わされることはないが、先生は恐らく喜怒愛憎の念が人一倍烈しい方のようである。否、そのような情念の底に更に深く、先生の心の奥には厚い厚い闇があるのではないかと思う。先生はよく「デモーニッシュなもの」ということを云われる。これは先生において哲学上の単なる概念ではなくて深い体験である。先生の魂の底にはデモーニッシュなものがあり、それが先生を絶えず思索に駆り立てている力である。思索することが原罪であるということを先生は深く深く理解されているのではないかと思う。先生の哲学はその闇を照し出そうとする努力であり、その闇の中から出てくる光である。その闇が深ければ深いほど、合理的なものに対する要求も烈しいであろう。先生の哲学は単なる非合理主義でないと同様、単なる直観主義でもない。それは飽くまでも合理的なもの、論理的なものに対する烈しい追求である。闇の中へ差し入る光は最も美しい。先生の哲学の魅力も、先生の人間的魅力も、この底知れぬ闇の中から来るのである。四高の教授をしていられた時代、先生はずいぶんロシヤの小説を読まれたように聞いている。今でも先生はドストイェフスキーが好きで、深く共鳴されるものがあるようである。それは単なる神秘主義ではない。先生のいわゆる「歴史的物質」の問題である。

三

先生が論文を書かれる時には、毎日きまって朝の間に二三枚ずつ書いてゆかれるということである。それは長篇作家が小説を書いてゆく仕方に似たところがある。実際、先生は創作家と同じような気持で論文を書かれるのではないかと思う。毎日きまって少しずつ書いてゆかれる先生の論文はまた先生の思索日記でもある。それには始めがないように終りもない。先生の書物は、第一章、第二章という風に出来ている普通の書物とは全く趣を異にしている。先生の書物はそのように第一章、第二章という風に区分されるような本を書かれたことがなく、書かれるものはみな論文である。その論文が集まって一冊の書物が出来る。しかしそれは決して単なる論文集ではない。先生は、一つの論文を書き終えられるといつでもすぐ何か書き足りないものがあるのを感じられて、その書き足りないものを書こうとして、また書き始められてやがて次の論文が出来るというのではないかと思う。先生の論文には終りがないのである。芸術家の活動は無限であって、その作品は完成されることがないというフィードレルの言葉を先生はよく引用されるが、先生の著作がちょうどそのようなものではないかと思う。先生は多くの論文を書かれながら結局一つの長篇論文を書かれているのである。そしてそれは完結することのないものである。それは多くの小説を書きながら一生の間結局一つの長篇小説を書いているにほかならぬ作家の場合に似ている。先生はいろいろなテーマについて書かれながら、結局一つの根本的なテーマを追求されているのであって、その追求の烈しさと執拗さとはまことに驚嘆のほかない。もちろん、『善の研究』このかた最近の論文に至るまで、先生の哲学には発展があり、その発展に注目することは大切である。しかしそこにまた根本的に連続的なものがある。先生は一面時代に対して極めて敏感な思想家である。先生には新しい流行を作ってゆかれるようなところがある。その意味で先生には、すぐれたジャーナリストの感覚があるということもできる。しかし先生の如く時代に対して敏感で、時代から絶えず影響されながら、先生の如くつねに一つのものを追求している思想家は稀《まれ》である。そこに先生の哲学の新しさと共に深さがある。時代に敏感な者はとかく浅薄になる、自分に固執する者は停頓《ていとん》しがちである。先生はそのいずれでもない。生命というものは環境から限定され逆に環境を限定するものであるとは、先生がこの頃いつも述べられることであるが、それはまさに先生の哲学そのものの姿である。先生の哲学は先生独特の文章のスタイルを離れて考えられないであろう。ヘーゲルが彼独特のスタイルをもって考えたように、西田先生も先生独特のスタイルをもって考えられているのである。先生においては文章のスタイルがそのまま哲学である。そのスタイルを離れてその思想を表現することは不可能に近いであろう。

先生の哲学には東洋的直観的なものがある。それを先生は禅から学んでこられたのであろう。しかしそれは禅からのみ来ているものではないように思われる。先生にはまた『愚《ぐ》禿親鸞《とくしんらん》』というような文章がある。また本居宣長《もとおりのりなが》の思想などにも共鳴を感じられるものがあるようである。先生の思想における東洋的なものは、先生自身が体得された独自のものであるというのが正しいと思う。そこに先生の哲学の新しさがある。それはゲーテなどにも通ずるところのあるものである。このごろの禅の流行に対しては、先生はむしろ苦々しく思っていられるのではあるまいか。先生の目差していられるのは独自の日本的な哲学である。しかし先生はいつも「西洋の論理というものを突き抜けてそこに達しなければならぬ」と云われるのである。「東洋の書物は修養のために読むべきもので、哲学をやるにはやはり西洋哲学を勉強しなければならぬ」と先生は若い人に教えられる。学問としての哲学をやるには西洋哲学を研究しなければならぬ、けれども哲学が単なる学問以上のものである限り、東洋思想を身につけることが大切である、という意味であろう。私は哲学における深さというものは結局人間の豪《えら》さであると考える。深さというものは模倣し得るものでなく、学び得られるものでもない。西田哲学の深さは先生の人間的な豪さに基いている。学問というものを離れて人間として考えても、先生は当代稀に見る人物である。今日の日本において、各界を通じて、豪い人物と感心するのは西田先生と幸田露伴先生とである、と或る友人が私にいったことがある。

私の学生時代、先生はいつも和服で靴を履いて大学へ来られたが、その様子はまるで田舎の村長さんか校長さんかのようであった。その先生が教室ではマイノングの対象論とかフッサールの現象学とか、その頃の日本ではあまり知られていなかった西洋の新しい哲学について講義されるのである。そのように先生には極めて田舎者であると共に極めて新しいところがあった。マックス・ヴントは、ソクラテスはアッチカの農民の伝統的精神を代表したといっている。そのソクラテスにはまた当時外国からアテナイに入って新しい学問として流行したソフィストに似たものがあった。西田先生の哲学は日本においてソクラテスのような地位に立っていると見ることもできるであろう。ソクラテスは単に伝統的精神に止まったのでなく、また単なるソフィストでもなかった。彼はギリシアの古典的哲学の出発点となったような全く新しい独自の哲学を述べたのである。西田先生は東洋思想と西洋哲学との間に通路を開くことによって全く新しい日本的哲学を作られたのである。

四

西田先生は、世事に疎《うと》いいわゆる哲学者ではない。人生の種々の方面について先生が深い理解を持っていられるのを知って驚くことがしばしばある。殊に停年で大学を退かれて以来、義務的な負担が軽くなったせいもあろうか、先生は社会の問題や政治の問題についてよく話されるようになった。鎌倉に別荘が出来てから、先生は夏と冬の数ヵ月をそこで過されるのであるが、お訪ねすると、先ず話に出るのは時局のことである。いつも哲学の問題に頭を突き込んでいられる先生としては、せめて人に会った時には哲学を離れて他の事柄について話したいという気持にもなられるのであろう。しかし先生が時事問題を論じられるのは単なる傍観者としての態度ではない。先生の話は次第に熱を帯びてくる。すると先生は袖をまくしあげて論じられるという風で、その口吻には何か志士的なものさえ感じられる。先生は明治時代の善いものを持っていられるのだな、と私は感じるのである。時事問題に対する先生の観察と批評は鋭くて、正鵠《せいこく》を得ているものが多いと思う。近衛公や木戸侯は先生の学習院時代の教え子であるためであろう。氏等が重臣のポストにつかれて以来、先生の時局に対する関心はいよいよ深くなったようである。例の調子で近衛公や木戸侯などの人物をずばりと批評される言葉もなかなか興味があるが、老いてなお青年のような若さをもって国を憂えていられる先生の熱情に対しては頭がさがるのである。

先生はいろいろなことに関心と理解とを持ちながら、つねに一つのものを追求されてきた。先生には道草を食うことがなかった。その随筆など立派なものであるが、そのような才能を持ちながら、先生は滅多に随筆を書かれることがない。お目にかかるといつも「まだまだこれからだ」と云われる。こうして先生は倦《う》むことなくいちずに一つのものを追求されている。私など道草ばかり食っている者は恥しい次第である。先生から戴《いただ》いた軸に先生の歌を書いたものがある。

あたごやま入る日の如くあか〳〵と燃し尽さんのこれる命

という。先生の心情がよく写されていると思う。

消息一通

一九二四年一月一日
マールブルク

新年お目出度う存じます。去年はハイデルベルクで迎えた正月を、今年はマールブルクで迎えました。大晦日《おおみそか》の夜には悪霊《あくりょう》を追払うと云う意味で、昔独逸《ドイツ》では戸外で盛んに発砲する習慣があったそうです。今でも昔気質《むかしかたぎ》の人はこの夜十二時が打つと同時に、高い椅子の上から飛び降りると云います。新しい年の中へ勢よく飛び込むと云う意味だそうです。私は歳晩にあって数年前に作ったひとつの歌をまた思い出しました。

つかのまの熱と光を求めんと象牙《ぞうげ》の塔を焼きし日もあり

＊

日本を出て来る前から、独逸ではヘーゲルの復興が行われていることを私は聞いていました。いかにもヘーゲルに関する書物はかなり出ています。なるほど大学のゼミナールでは何処《どこ》でも好んでヘーゲルを用いています。しかし私たちを本当にヘーゲルの思想世界へ導いてくれる者はまだ見当らないように思います。――私にひとつの新しい独逸語を作らせて下さい——それらは凡《すべ》てかのHegelreiではないでしょうか。今の独逸でヘーゲルに関する学者としては、知識に於いてはミュンヘンのファルケンハイム、体系的な方面ではフライブルクのエビングハウスが第一流と見做《みな》されています。第二線に立つ人々には、クローネル、ノール、ラッソン、ブルンシュテットなどがあります。ヴィンデルバントが『ヘーゲル主義の復興』と云う論文を書いたとき、彼はその頃新進気鋭のノールやエビングハウスを頭においていたと云われています。それ以来かなりの歳月は流れてゆきましたが、私たちのヘーゲルはカントがその当時もったリープマン、ランゲほどの学者をさえもつ幸福にまだ逢っていないように思います。クローネル、エビングハウス、ハルトマンなどが等しくヘーゲルに就いての著述を企てていると云うのも面白い現象です。これらの書物が出来ましたら、私も私たちのヘーゲルに関して纏《まとま》ったことを書かせて戴《いただ》きましょう。

同じように日本を発つ以前、独逸では歴史哲学や精神科学の基礎的考察が盛んになりつつあることを私はひとから聞かされていました。しかし私はこの方面に於いてもあまり多くを期待していたかも知れません。シュプランゲル、シュペングレル、ヤスペルスなどのものは面白く読まれますが、方法的思惟《しい》に於いても、対象的思惟に於いても、執拗《しつよう》な、根強い思索の統一力が欠けていはしないでしょうか。この間にあって、マックス・ウェーベルの経済学の方法論に関する論文集とマックス・シェーレルの倫理学の本とは、共に多少鮮かな特色をもっていて、何物かを私たちに教えてくれることが出来るようにみえます。永い間待っていたトレルチの歴史哲学の書物が出ました。この書は現今の独逸の歴史哲学的研究の状態に対して第一流の徴候的著述であると思われます。トレルチは彼の博識をもって近代の歴史哲学的思想のあらゆるものを批評しています。けれど歴史哲学が如何《いか》なる地盤に立ち如何なる方向に進むべきかと云うことに就いて、彼自身明確な、徹底した洞察を欠いているために、千頁に近いこれらの批評も凡て宙に迷っています。謂《い》わば彼は近代の歴史哲学的思想家たちのもろもろの Geister をひとところに集めて弔いをしているのです。彼がこの盛んな弔いをしてくれたことは、私たちには教訓の深いことでした。精神科学や文化哲学の基礎附けはこれまで試みられて来たとは全然別の途《みち》によって新しく始められなければなりません。科学の学的性質を明証の伴う普遍妥当性として規定し、その根拠を求めてゆくと云う形式的な方法は、ある種の科学にとってはその本質的な特性を毀《こわ》すことになり、それが自然に成育してゆく形態を曲げることになりはしないかを私は疑うのです。たとえ明証とか普遍妥当性とか云う概念を保存するにしても、これらの概念は新しい方法によって作り更《か》えられねばならぬのではないかと私は思います。昨年の十一月二十九日、フランクフルテル・ツァイトゥングにフリッツ・シュトリヒが、『現代に於ける精神歴史の本質と課題』と云う論文を寄せていました。シュトリヒは若い歴史学、殊に文学史や芸術史の傾向がStilの歴史を目差していることを述べ、その代表者としてウェルフリンとグンドルフとを挙げました。新しい歴史学は「根本概念のイデーと創造的発展のイデー」とによって古いヒストリスムスを破壊しました。「根本概念」は永遠に人間的な、本質的な実体であって、この実体は歴史的現象の中に無限の姿をとって繰り返し現われるのです。あらゆる時代、凡ての民族に於いて、相異る、創造的なる実現の形式をとりながら、しかも絶えずめぐり来る統一がシュティルと呼ばるべきものです。「この精神的統一の認識が新しい歴史科学の精神」であるとシュトリヒは云っています。若い歴史科学の問題は「嘗《かつ》てひとたび在ったところのものでなく、つねに在るところのもの」であり、それは本質的に精神的なるもの、本質的に人間的なるもの、従っていつでも存在しているものに就いて物語ることである、と彼は主張します。シュトリヒの云うところが新しいと云うのではありません。しかしながらこの文学史家によって新しく要求されているものは、現代の多くの歴史哲学者がまた目差しているものであるように見えます。永遠に人間的なるものの生命のメロディーとリュトムスとを感得しようと云うのが人々の切実な要求であるのでしょう。若い人たちの間に切《しき》りにキェルケゴールが読まれているのも私はこの要求のひとつの現われであるとみたいのです。しかしながら歴史をひとつの生命の現われであるとして考えるに当っても、ここにいう生命は単なる生命ではなくて、ひとつの歴史的生命であると云うこと、そしてこの「歴史的」と云うことが恰《あたか》も私たちの問題になるのだと思います。従って歴史的生命をひとつの有機的生命のアナロギーに依って考察すると云うことは、やはり「本質的に歴史的なるもの」を取逃すことになりはしないでしょうか。歴史科学の課題をひとつのMorphologieと解することは、その前提に於いて矛盾を犯していると思います。例えば有機体とのアナロギーに依って、社会に目的関係の存在することを論断しようと云うのは、むしろ正当な論理的順序に逆行するものではないでしょうか。目的、機能または構造の関係は、歴史的社会的現実に於いてこそ実際に体験され、到る処追跡し得るに反して、有機体の領域に於いては却《かえ》ってこれらの関係は、単に仮説的な補助方法に過ぎません。それ故に有機体の概念を歴史的事実の研究の指針とするのでなく、むしろ自然研究が社会的事実のアナロギーを用いるのが当然であるとみられねばなりません。自然哲学的思弁を歴史の解釈の中へ導き入れるほど危険なことはないでしょう。

＊

こちらへ来て私が特に感じるのは、学問が大きな根を張って成長していると云うことです。私は学問を視、学問に触れることが出来ます。それは多数の大学を視、沢山の書物に触れることが出来ると云う意味ではありません。恰も私たちがひとの顔に於いて感情を視、ひとの手に於いて欲望に触れることが出来るように、私たちは大学やゼミナールや書物に於いてひとつの学問的意識を視たり、それに触れたりすることが出来るのです。私が到るところ学問的意識にぶっつかるのは、この学問的意識が生命をもち、自然の力によって成長しているからでしょう。芝居の言葉に「芸が板につく」と云うことがあったと思います。私がこちらの学者をみていつも思い出すのはこの言葉です。彼等の学問に無理がなく、歪《ゆが》められたところがないのは、彼等が凡てひとつの学問的意識の中に育っているがためでしょう。このような学問的意識が自然に成長して、あらゆる学問的現象の中にはたらくようになるためには、永い間の歴史的背景が必要なことは固《もと》より云うまでもないことです。この意味に於いて例えばハルナックの書いたプロイセンのアカデミーの歴史を繙《ひもと》くことも興味のあることでしょう。しかしまた学問的意識の自由な、自然な成長発達を可能ならしめるような制度が出来ていると云うことも肝要なことであると思われます。独逸の大学で学生に転学の自由が与えられているのはそのひとつです。学生に聴講科目の自由な選択が許されているのもそのひとつです。そのためにこちらの学生では、例えば哲学の学生であって単に哲学だけを勉強している者は極めて稀《まれ》で、多くは他に副科目として、或いは数学や自然科学、或いは神学や歴史などの特殊科学を傍《かたわ》らに研究しています。学生と教授とゼミナールの三つがいつでも親密な関係を保っていると云うのもそのひとつです。凡てのものが綜合《そうごう》的にはたらかなくてはなりません。例えばひとつのゼミナールの文庫をよくするためには、成長しつつある学者を必要とします。本当の研究に役立ち得る文庫は、真面目な研究者が自分の研究を進めてゆくに随って必要を感じる書物を系統的に調べ集めることによって初めて出来るのです。私は学問的意識の綜合作用が学問の成長してゆく条件であると考えずにはいられません。学問の綜合的精神を発揮するための綜合大学の制度が、単に経済的管理を便宜にするため、中央集権的支配を容易にするため、或いは学者が彼等の墻壁《しょうへき》を堅固にするための機関となってしまうのは恐るべきことであります。学問的意識の自由な綜合作用がはたらくときにのみ――私はかの Vielwisserei またはディレッタンティスムスを云っているのではありません――特殊の学問も栄えることが出来るのだと思います。アカデミケルが自己の本分を絶えず反省し、自覚してはたらくと云うことは、学問的意識の発達のために単なる制度の問題以上に必要なことであるに相違ありません。フィヒテ、シェリング、シュライエルマッヘルなどの大思想家たちが、鮮かな人生観と世界観との上に立って大学の本分に就いて論じてくれたことは、独逸の大学にとってどれほど幸福な事実であったでしょう。中にもシェリングの『大学に於ける研究の方法』という講義は私の最も好んで読むもののひとつです。最近ヤスペルスが『大学のイデー』という冊子を世に出したのは面白いことでした。

私は学問的意識の綜合作用と云いました。この綜合のはたらきを理解することは、やがてまたその分化のはたらきを理解することであるでしょう。学問的意識は歴史の世界の中に成立しています。従って悟性の技巧的な概念によって、或いは単に理論上の可能性を数えることによって学問を分類しようと云うのは不可能なことではないかと私は思っています。凡て学問の位置は論理学によって決定されることではなく、あらゆる学問が発生し成長して来たところの根源を尋ね、各々の学問の諸々の根源のなかにはたらいているひとつの綜合のはたらきを求め、この綜合の構造に各々の根源を関係させることによって初めて決定されるのではないでしょうか。凡ての分類に必要な「類概念」と云う言葉の根源は、ギリシア語の「ゲノス」です。ゲノスは「ギグネスタイ」と云う動詞から来たので、この動詞は「成る」「生ずる」と云う意味をもっています。即ち同じ生れ、同じ由来をもつものが、ひとつの同じ類概念に包括される対象の領域を形作るのです。事物の由来は事物の本質に対して単に偶然的な事柄ではなく、むしろそれに対して構成的な意味をもっていると云うのが、ゲノスと云う言葉に含まれている「哲学」です。事物の由来が事物の実体的本質を構成すると云う謎《なぞ》を、私たちのアリストテレスは「ティ・エーン・エイナイ」と云う不思議な概念によって解こうとしました。発生的方法は現代では心理主義若《も》しくはヒストリスムスの名のもとに非難されています。しかしながら私たちはなお心理主義やヒストリスムスに陥ることなくして、しかもひとつの新しい発生的方法を考え得ないでしょうか。実在を fieri とみる道は論理的方法以外に不可能でしょうか。ナトルプの心理学の方法が心理主義でないならば、歴史的社会的世界に成立する事実をそれの歴史的起源に還元することによって歴史的意識の根源的なる形を構成し、この意識のはたらきを純粋に記述する学問は――若しかかる学問があったとすれば――あながちヒストリスムスとして排斥すべきでもないでしょう。私は言語学者が既にこれに近い方法を、無意識的であるにせよ、不完全であるにせよ、彼等の研究の種々の方面に於いて用いていることに気附くのです。学問論は学問の歴史の研究を前提とします。この意味で、自然科学の方面ではあの尊敬すべきフランスの学者デュエム、精神科学の方面では私たちに懐しいかのディルタイが、その方法は各々異るにせよ、試みた研究を拡げてくれ、進めてくれる人の出ることは本当に願わしいことです。

＊

尊敬している学者の中でも逢ってみたい人と逢ってみたくない人とがあります。例えばブレンターノやディルタイは、若し許されたことであったら、どうしても逢ってみたかった人です。ところがクーノ・フィッシェルやトレルチの家の門をくぐることは私には幾度も躊躇《ちゅうちょ》されたでしょう。今の独逸で将来のある哲学者と云えば、多くの人がハルトマンとハイデッゲルとを挙げます。私は去年の秋マールブルクに来て、この二人に逢い、その講義に出たり、ゼミナールに加わったりしています。ハイデッゲルが新しくマールブルクへ来たのは私には嬉しいことでした。ハルトマンに対する感じを一口で云えば、彼は所謂《いわゆる》「仕掛の大きい」人です。それがあるときは気取った、あるときは芝居がかった態度になるのは何の無理もないことでしょう。講義はなかなか手際がよく、聴講者も非常に沢山あります。ゼミナールでは彼は自分の弱味をみせることを嫌がり過ぎています。正直に云えば、私はハルトマンに直接学ぶようになってから、彼がそれほど将来のある人であるかどうか多少疑問にするようになりました。少くとも今の私にはハルトマンの偉さが分りません。彼の著わした『認識の形而上学』もなかなか「仕掛の大きい」ものです。いかにも手際よく出来ています。しかしながらこの厳しい、堂々とした構えが凡てひとつの機《からくり》の上に出来ているように私には感じられるのです。——若し貴方《あなた》がこの書物を既に読んでいらっしゃるならば、私の謂う機が何であるか、直に思い当られることと存じます。——彼は無造作に本体論や形而上学の成立の可能性と必要性とを説きます。認識は Erzeugen ではなく、Erfassen である。認識が把捉《はそく》であるならば、把捉さるべきものが凡ての認識の前にそれから独立に成立していねばならず、そしてこのものは本体論的、形而上学的なものであるとハルトマンは云います。若しこの前提が正しかったならば、本体論の成立の必然性も極めて手軽に証明の出来ることであるに相違ありません。しかし認識が把捉であると云うことそのものが私たちには最も疑わしいことなのです。あらゆる立場の此方にあろうとする彼の哲学は、彼の所謂現象学に於いて現象の分析によって、認識が実際に把捉であることを示さなければなりません。けれどそこで彼が事実行っていることは悉《ことごと》く認識は把捉であると云うことを前提とした上での認識概念の分析であって、この前提そのものは、何処にも具体的に示されていないと思います。こう云えばハルトマンの哲学は、この現象は我々の natürliche Einstellung に於ける認識の場合にはいつでも存在するものである、と恐らく答えるでしょう。なるほど認識が把捉であると云うことは私たちが自然的立場に於いて考えていることでしょう。しかしながらそれは自然的立場に於ける抽象的な考え方の上でのことであると思われます。丁度それは私たちが認識に於いて最初現われるのは感覚であると云うのと同一の平面に於ける考え方です。感覚が認識の最初のものであるとみるのは既に抽象的なことです。私が今眼を開くとき見るのは具体的な机であって、黒の感覚ではありません。同じようにそのとき私が考えるのは、むしろ直接に見ることは「机が現われておる」と云うことであって「私が机を把捉する」と云うことではありません。そのときまた同時に私は私の前に自己を現わしている存在に対して――言語学上の言葉を借りて云えば、――ひとつの interpretatio を行っています。この存在を「机」として見ることが既にひとつの解釈です。それ故に存在と解釈とは唯抽象的に分つことが出来るばかりであります。この簡単な考察によっても、認識が対象の把捉であると云う前提は、立場の最小でなく却って立場の最大を意味すること、特殊の立場に於ける特殊の考え方にもとづく認識概念を本体論の予想とすることが、ひとつの冒険に過ぎないことは明かであります。歴史的に云ってもギリシア哲学には所謂 Gegenstand にあたる存在を現わす概念はなく、存在のうち第一のもの、直接なものは何よりも「プラグマ」であったのです。プラグマと云うのは私たちの扱うもの、私たちのはたらきの相手となるものです。若しそうであるならば、ハルトマンが所謂現象学を論じ、所謂 Aporetik を論ずることも、つまりは宙に浮いている人形を操ることになりはしないかを私は恐れるのです。アリストテレスのアポレティクは――若しこの言葉が許されるならば、――もっと深い洞察の上に立っていると信じます。同じ客観主義の人でもラスクなどの方が、同じ実在論的傾向の人でもキュルペなどの方が、もっと深いものをみ、もっと力強い基礎附けをやっていると思われますが如何《いかが》でしょう。――貴方のお考えを承った後に私はもっと詳しい批評をさせて戴くことにしたいと存じます。

それにも拘らず、何故にハルトマンが今の独逸で歓迎されているか、貴方はこうお尋ねになるでしょう。一夜私は数時間に亙《わた》ってひとりのハルトマンを信じる学生とハルトマンの哲学を論じ、私がこの哲学に於ける種々の困難を話しましたとき、彼は色々の答弁をした後で「それにも拘《かかわ》らず、ハルトマンの哲学ほど広い Horizont をもっている哲学は現代にないではないか」と云いました。折衷的であるにしても力強い統一を欠いているにしても、少し仰山にものを云う嫌いがあるにしても、とにかくハルトマンの哲学が広いホリゾントを目差していることだけは明かです。そしてこのように展望の広い哲学を今の若い学生は求めています。複雑な経験を最近の歴史に於いて体験して来たこれらの青年のかかる要求には何の無理もないと思います。論理主義から一歩踏み出そうと云う努力や、Sache そのものに帰れと云う標語は、凡て広い、大きなホリゾントを求めようと云う要求の現われであるともみられるでしょう。しかしながらかの Sache とは一体何物なのでしょうか。

ハルトマンのことを書いて思わず長くなった私は、ハイデッゲルに就いては簡単な報告だけにとどめておかねばなりません。彼は最初リッケルトの弟子であり、後にはリッケルトを離れてフッサールに就き、今はまたフッサールに対しても批評的となって、むしろディルタイなどの考えを進めてゆこうとしておるように見えます。或る日私がリッケルトと話しましたとき、リッケルトが「ハイデッゲルは非常に天分の豊かな男であるから、彼の思想はこれから後もまだまだワンデルンするでしょう」と云ったのを覚えています。今の独逸に於ける唯ひとりのアリストテレス学者として、中世哲学に深い理解のある人として、ハイデッゲルを推す人はかなり多いようです。それは例えばギリシア哲学史家のホフマンからも、言語学者フリードレンデルからも私が直接に聞いたことです。ハイデッゲルは殆どあらゆる点でハルトマンの反対をなしています。貴公子然たるハルトマンに対してハイデッゲルは全くの田舎者です。無骨で、ぶっきらぼうで、しかもねばり強いことは、講義にも演習にも現われています。しかしそれと共になかなか利口で、気の利いたところのあるのは面白いことです。ハイデッゲルがフッサールのフェノメノロギーから新しく踏み出そうとする出発点、この努力の目差している方向を辿《たど》ってみることは私には非常に興味のある仕事でありますが、他の機会を待つことにいたしましょう。

＊

外国へ来た者の恐らく誰もがぶっつかるのは「言葉」と云うひとつの不思議な存在です。日本にいるときには外国の書物を読んでも、言葉は思想の符号或いは伝達器であると云うぐらいの気持しか実際私には出て来ませんでした。ところが、こちらへ来て少しでも外国語の「言葉の感じ」が呑み込めるようになると、私はひとつの言葉の中に生きている“Genie”と云ったものに気が附くのです。そして私は今更ながら言葉と存在との間の密接な関係を思わずにはいられません。前に云ったように、私が眼を開いてひとつの「机」を見るときにも既にひとつの interpretatio が行われているのであって、机と云う言葉は私の眼の前に現われている存在の意味を現わすはたらきをしているのです。若し言葉がその表現の様々な方法に於いて、種々の方面から、存在の意味を現わして、存在を私たちに見ゆるものとすると考えられ得るならば、例えばアリストテレスが話法から範疇《はんちゅう》を導いたと云うことにも深い意味があると思います。私たちはこのような思想の本当の意味を理解するために、言葉がただ読まれたばかりでなく、また単に聞かれたばかりでなく、また到るところ言葉を見、言葉に触れることが出来たギリシア、所謂「アッチカの雄弁」のギリシア、文法が生きており、言葉が裸のままで公に現われて存在していた――私たちのギリシア人は言葉のこのような存在の仕方を恐らく「アレテスとしての存在」と呼んだでしょう――ギリシアの生活を思い浮べなければなりません。言葉がひとつの生命をもち、特殊の Genie をもっていることに気附くとき、私が各々の民族の言葉の中にその民族の歴史が見出されると云っても、あながち無謀でもないでしょう。かの天才フンボルトが、言葉は生産されたものでなく生産であり、出来上ったものでなく活動であると云ったのは、疑いもない真理であると思われます。そればかりでなく言葉に対する意識そのものがまた進歩してゆくのです。この意味で例えばヘルメノイティクの歴史、殊に聖書のヘルメノイティクの歴史を調べてみるのも有益な仕事であるでしょう。すぐれた研究家ウーゼネルは、言語学者に必要なのは言葉の意識であると云いました。言葉の意識と云うのは文法のかたくななる形式を習得することを謂うのではありません。言葉の意識はむしろ歴史的意識のひとつのはたらき、しかもその最も根本的なはたらきの形式であると私は思います。言語学の課題は人間的な、殊に精神的な存在の全体の広さと深みとの上に拡がっておる、従って言語学は歴史科学の根柢《こんてい》的な決定的なる方法である、と云ったウーゼネルの言葉には争い難い真理が含まれていると私は思います。言葉の意識が発達してゆく限り言語学上の interpretatio も決して終結することはないでしょう。そして私には言語学者の行っている recensio と interpretatio 或いはクリティクとヘルメノイティクとを理解することが、歴史的意識の作用、歴史的認識の方法を理解する上に根本的な意義をもっておるように感じられます。けれどこれらのことを明かにするためには何よりも言葉と存在、言葉と認識との関係に関する徹底した洞察を必要とします。これらの問題に就いて纏ったことを書こうと私は思ったのではありません。フンボルトの後シュタインタール、そして近くはパウルを失った独逸の言語学の理論的研究も、今は何だか寂しく感じられます。

＊

マールブルクの冬はなかなかよく冷えます。しかし私は好んで散歩に出ます。ラーン河の向うには兎の喜びそうな、日あたりのいい小高い丘があります。数日前もオットー教授に連れられてこの丘を歩きながら、私は日本の話をしました。白樺の森など人なつかしいものです。またラーン河に沿うてゆくのも面白いことです。今日も私は賀茂川の堤を思い出し、数年前の幼稚な詩を思い起しました。

憧れいでて野に来れば
草短くて　涙すに
よしもなけれど遥かなる
もの思ふゆゑ嘆かるる。

×

あかつき光薄うして
寂しけれども　魂の
さともとむれば川に沿ひ
道行きゆきて還るまじ。

それではいつまでも元気でいて下さい。雪が降ればまたお便りしましょう。

初出

我が青春　不詳
読書遍歴　「文芸」一九四一年六月～九月、一一月～一九四二年一月
哲学はどう学んでゆくか　「図書」一九四一年三月～五月
哲学はやさしくできないか　「鉄塔」一九三二年七月
如何に読書すべきか　「学生と読書」一九三八年一二月
書物の倫理　「東京堂月報」一九三三年四月
軽蔑された飜訳　「文藝春秋」一九三一年九月
辞書の客観性　「学燈」一九四〇年五月
ハイデッゲル教授の想い出　「読書と人生」一九三九年一月
西田先生のことども　「婦人公論」一九四一年八月
消息一通　「思想」一九二四年三月

単行本『讀書と人生』一九四二年六月、小山書店刊

対話としての読書

「独語的な哲学」ではなく

解説

鷲田清一

本書の原版『讀書と人生』は、昭和一七年（一九四二）の六月に小山書店から刊行された。このとき三木清は四五歳。敗戦の日から四二日後に獄中で亡くなるその三年前に世に問われた書である。思想的な思いを気ままに書く自由をすでに奪われていた三木をおもうと、「時代に抵触するものを省いた」本書は、痛恨ながら「いくつかの重大な欠落をふくんでいる」とは、昭和四九年（一九七四）一〇月に刊行された本書の新潮文庫版に「解説」を寄せた山田宗睦の指摘するところである。「時代に抵触するもの」とは、「天皇制絶対主義」への批判であり、西欧マルクス主義の思想的評価であった。だからだろう、「学燈」や「学生と読書」、「図書」や「文藝春秋」などに寄稿した文章を集めた本書は、表面的には、若者へ向けての平易な読書入門として、三木の書き物のなかではかなり穏やかな

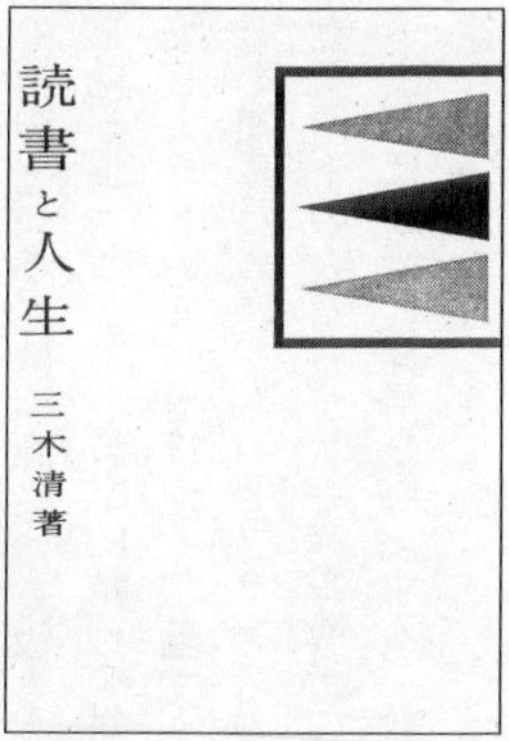

雪華社・昭和37年8月刊

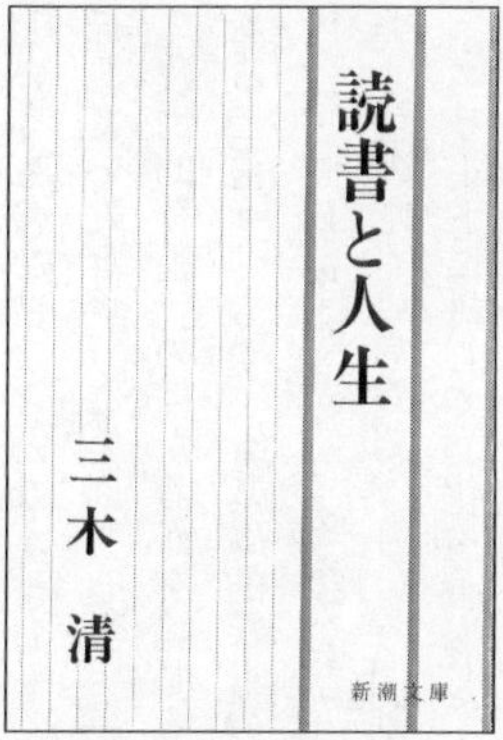

新潮文庫・昭和49年10月刊

語りぶりとなっている。

読書論という体裁をとっている本書は、「教養」と「哲学」について多くの頁を割いている。けれども「教養」ということについても、いわゆる大正教養主義から「文化」の思想、ヒューマニズムへと変容していった「教養」の思想とは一線を画す。そこに内蔵されていた「政治というものを軽蔑して文化を重んじる」文化主義的な傾向を醒めた眼で見ており、それらを福澤諭吉をはじめとする明治の教養思想への反動としてとらえている。しかし、「文明」に対し「文化」（クルトゥーア）を偏重したドイツの「教養」主義に対抗しながらも、昭和一六年時点としては次のように書くのが精一杯だったのだろう。――「この教養の観念はその由来からいって文学的乃至《ないし》哲学的であって、政治的教養というものを含むことなく、むしろ意識的に政治的なものを外面的なものとして除外し排斥していたということができる」（「読書遍歴」、昭和一六年）。「政治的教養」の何たるかを論じるかわりに、三木はここで「教養」の基本が「哲学」にあると言う。もっとも基礎的なもの、根源的なものへの問いへと収斂してこない知識の断片は、時代の上辺をなぞるだけだ、と。「実用」書のたぐいはだめ、大衆に向ける「修養」論のたぐいもだめ、という旧制高校的な「教養」主義、そこに三木は、明治以来の国家エリートに対して文化主義もしくは人格主義的な立場から「教養」を謳う文化人の（反逆というよりもむしろ）ルサンチマンを見ている。いわば高みに立って全体を見下ろすそうした上空飛翔的な思考ではなく、「根源」あるいは「究極」へと下降しようという哲学の精神、つまりは「源泉から汲もうとする」姿勢、「特殊的なもののうちに普遍的なものを見る眼」としての哲学的精神を対抗的に立てている。三木がたとえば、概念の伽藍を構築しようというのではなく、論文を書くためにでもなく、「ほんとうに哲学することの困難を知るために、もっとフランスのものが読まれることが望ましい」と書きつけるとき、漱石門下の人たちがケーベル博士の強い影響を受けて称揚したドイツ的「教養」の観念、つまりは政治と経済を侮蔑する「教養」主義を、三木は文化批判の衣《きぬ》を借りて政治的に揶揄していたのだろう。

三木の筆が怖いもの知らずといっていいほど勇躍しているのは、だから、巻末に付録のように収められているが、じつは本書収録の文章のなかでもっとも早い時期に書かれた「消息一通」（大正一三年）だ。一般読者というより、学者や読書人を対象とする岩波の雑誌「思想」に書かれたものだから、この文章だけは、細かい説明は抜きに、同時代に欧州の思想が立ち向かおうとしていた問題を、鼻息が荒いというか、啓蒙的に易しく書かれた読書案内の文章よりは硬くてものびやかな文体で論じている。

文体だけではない。ハイデルベルク大学では、当初リッケルトに付いて哲学の修業をするはずが、哲学／非哲学の境界を丸々呑み込んでしまうかのように大きく跨ぎ越すジンメルやマンハイムに、マールブルク大学に移動後は、哲学の新しい地平を切り拓きつつあったハイデッガーやレーヴィット、それに若きガーダマーらのまわりに兆していた新しい哲学の胎動にあおられてか、思考そのものがひどくのびやかである。既定の学問の諸領域を軽々と横断し、時代の学問と思想の根っこにある問題を浮き彫りにすべく試みたその文章は、まるで数十年後の哲学の論争（「イデオロギー批判」対「哲学的解釈学」）を予見するかのような空気がむんむんしている。たとえば、「クリティクとヘルメノイティクとを理解することが、歴史的意識の作用、歴史的認識の方法を理解する上に根本的な意義をもっておるように感じられます」というふうに。ドイツに留学しほぼ二年を経て書かれた「消息一通」という三木、二七歳の文章には、のちに『構想力の論理』で提示されたような、パトスの論理、神話や制度、技術や社会的身体といった論点についての萌芽的な発想すら読み込めるところがあり、その意味でこの文章には三木の仕事を解釈するうえでの資料的な価値もある。ちなみに、これら晩年の思考の論点の多くは一九七〇年代以降、中村雄二郎によって新しい装いのもと引き継がれた。

さて、読書論である。ここで注目すべきことの一つは、「読書は技術である」という視点、したがってまた「本を〔道具と同じように〕使う」という視点であろう。これは読書の方法が「主体化され、個別化されて」「身につく」ということが肝要だということだ。概念の伽藍を構築しようというのではなく、論文を書くためにでもなく、「ほんとうに哲学することの困難を知るために、もっとフランスのものが読まれることが望ましい」と三木が書きつけていることは先にもふれたが、歴史においても人生においても、そこに測鉛を深く垂らすためには、論理の緻密さに経験の厚みと直感の深みとが伴わなければならない。本書には収めてないが、のちに「哲学ノート」（昭和一四年）のなかでレトリック（修辞）という価値の復権を説いて、「自己の魂のうちに深い混沌、闇を湛える者にして初めて、何が明晰であり、何故に明晰が求められるか、を真に理解することができる」というのも、このことを言っている。だからこそ、「直観も訓練によって育てられるものである

若き日の三木清

ということ、その訓練は論理的訓練にも増して厳しいものであるということ」(「哲学はどう学んでゆくか」、昭和一六年)を肝に銘じなければならないというのである。

そういう議論を踏まえたうえで、三木の読書論のなかでわたしがもっとも惹かれた文章を挙げるとすれば、次のような一文になる。

哲学において重要なのは、物の見方であり、考え方であり、方法である。結論でなく、過程が、方法が特に大切なものであるところに哲学的啓蒙の特殊な困難がある。然るに方法は、その方法が生きて生産的にはたらいているところにおいて最もよく学ばれ得るものであ〔る。〕……科学としての哲学の理念と共に教育としての哲学の理念をたてたところにプラトンの偉大さが忍ばれる。啓蒙的、教育的、指導的精神と云えば、何か嫌なものに感ぜられるかも知れないが、とにかく、ひとに呼びかけるといったところが偉大な哲学には含まれているようである。そういうものの欠乏が哲学をむつかしく思わせているのではないか。独語的な哲学はむつかしい。

(「哲学はやさしくできないか」、昭和七年)

哲学が「独語」であってはならないというこの指摘は、哲学がそのとば口で「むつかしい」という印象を与えて人びとを哲学から遠ざけてしまう、その理由を示している。この国の哲学書が漢語だらけの生硬な文章で書かれているのは、その思想が難解であるからよりも、このことをだれかにどうしても伝えたい、呼びかけたいというふうに、宛先がつよく意識されていないからである。哲学のそういう独りよがりを、三木は危ぶむ。

読書は対話である。あまりにもあたりまえのことであるが、最後にわたしが考えるこのことの意味を、（もし三木が生きていたらという仮想のもとでいうのだが）かれに後押ししてもらっている気持ちで書いておきたい。

読書というのは、じぶん以外の人の書き物にふれるなかで、じぶんが打ち砕かれる経験である。おなじものを見ながら（わたしとはちがって）こんなふうに感じ、こんなふうに受けとめる人がいるのか、あるいは、おなじような体験をしながらそれにこんな問いを向ける人、こんな問い方をする人があるのか……という経験である。そしてそうした別の捉え方、別の問い方にふれることで、じぶんがこれまで抱えてきた問題、じぶんがそこに溺れていた困難が、ぐいと別の問題、別の困難にずらされる、あるいはそれらがもっと見晴らしのよい場所に置かれるようになる。要するに、読書をとおしてわたしが別の眼をもつようになること、ここに読書が対話であるゆえんがある。そういう経験が深ければ深いほど、わたしは以後、まずは、その人が感じ、考えるようにしか考えられなくなる。まるでわたしの細胞がぜんぶ入れ換えられたかのように。そういうふうに更新されたわたしの眼はまた、別の書物との出会いのなかでさらなる変容を経験してゆく……。

これはじつは、過去の著者の書き物、あるいは同時代を生きていても会ったことのない著者の書き物についてのみならず、いままさにわたしがだれかとしている語らいや議論においても起こることである。わたしがこれまで研究会や「哲学カフェ」などで経験してきたことだが、話も終盤にさしかかって、「これだれの意見だったっけ……」とそもそもだれの意見だったかわからなくなるというのが、いいディスカッションである。その意味で、読書は文字どおり対話なのである。

読書は、ひとりで集中してなすもの、自己のうちに沈潜するためになすものという思い込みがあるが、以上のように考えれば、読書でめざされているのが対話であることはあきらかだ。読書は、自己に閉じこもるためになされるものではなく、（著者という）他者との対話のなかにじぶんを開いてゆくためになされる。そのなかで、じぶんを揺さぶる、じぶんを他の視点から見なおす、そういう出来事が起こる。とすれば読書の場と議論の場は、対話ということで通じている（最近、いくつかの図書館が、「静かに」という声に抗して、読書室・自習室と隣り合わせに対話やカンファレンスの部屋を併設しようとしているのは、正しい試みだとおもう）。

読書は、さきにも述べたように、まずはじぶんが打ち砕かれる経験として始まる。そしてそうした打ち砕かれと更新とのくりかえしのなかで、これまでの人生でじぶんが依拠してきた自己理解の《初期設定》が書き換えられてゆく、あるいは同時代の歴史理解の《フォーマット》が差し換えられてゆく。ときには少しずつ、ときにはごそっと。本文中で三木は、「多くのことを考えさせる本が善い本」だと書いているが、それをいいかえれば、ある体験、ある出来事について問いを重ねるとき、いったいどれだけ多くのコンテクストをもちうるかというところに、「教養」の意味がかかっているということでもある。

年譜

三木清

一八九七年（明治三〇年）
一月五日、兵庫県揖保郡（現・たつの市）平井村に、父・栄吉、母・しんの長男として生まれる。弟四人、妹三人。生家は農家で、かつて米穀を商い、比較的裕福な方であった。
一九〇三年（明治三六年）六歳
三月、揖保郡平井尋常小学校に入学。
一九〇七年（明治四〇年）一〇歳
高等小学校に進学。
一九〇九年（明治四二年）一二歳
四月、兵庫県立龍野中学校に入学。
一九一〇年（明治四三年）一三歳
この頃、ツルゲーネフの翻訳などもしていた国語教諭・寺田喜治郎の影響で、読書と文学に目覚め、副読本だったことがきっかけとなり、徳冨蘆花を耽読し始める。
一九一一年（明治四四年）一四歳
漢詩を習う。
一九一二年（明治四五年・大正元年）一五歳
この頃、友人と共に文芸の回覧雑誌を作成。各種文芸雑誌のほか、山路愛山の史伝類も愛読した。
一九一三年（大正二年）一六歳
友人の影響で永井潜『生命論』や丘浅次郎『進化論講話』などを読み、生命について関心を抱き、後年の哲学研究を志す下地となった。文芸部委員となり、学生歌を作詞する。一時期、校歌にもなった。この頃から、文学から哲学への関心を強くし始める。

一九一四年（大正三年）一七歳

九月、上京して、第一高等学校に入学。宗教に惹かれ、聖書や親鸞『歎異鈔』などに親しむ。

一九一六年（大正五年）一九歳

哲学講読会を始める。西田幾多郎『善の研究』に強い感銘を受け、西田が在任する京大へ進学し、哲学の道を志すことを決める。

一九一七年（大正六年）二〇歳

第一高等学校を卒業。七月、西田幾多郎を訪問、終生の師弟関係が始まる。九月、京都帝国大学文学部哲学科に入学。京都に下宿する。哲学講座担当教授だった西田幾多郎に師事する。その他、在学中は波多野精一（宗教学）、深田康算（美学美術史学）らの授業・指導に強い感化を受ける。特に、西田の新しい論文はすぐに読み、そこに引用された文献にも目を通し、研鑽を積んでいった。同時期の西田幾多郎門下には、務台理作、三宅剛一、やや遅れて木村素衛、高坂正顕などがいた。

一九一八年（大正七年）二一歳

この頃、左右田喜一郎『経済哲学の諸問題』を熟読。その後は経済関係の著作にも多く触れた。

一九一九年（大正八年）二二歳

八月より東北帝国大学から助教授として転任してきた田辺元にも学ぶ。谷川徹三、林達夫らとも親交する。

一九二〇年（大正九年）二三歳

四月、徴兵検査を受ける（第二乙種）。五月、公的に発表する初の論考となる「個性について」を「哲学研究」に。カントを論じた卒業論文「批判哲学と歴史哲学」を提出（九月、「哲学研究」に掲載）。七月、優秀な成績で、京都帝国大学を卒業。九月、同大学大学院に進学。研究テーマは歴史哲学。大谷大学、龍谷大学で講師をつとめる。

一九二一年（大正一〇年）二四歳
教育召集を受ける。三ヵ月間、姫路の歩兵第十連隊にて軍隊生活を送る。

一九二二年（大正一一年）二五歳
五月、波多野精一の推薦と、岩波茂雄の支援を受けてドイツに留学する。ハイデルベルク大学でハインリヒ・リッケルトに師事し、歴史哲学を学ぶ。同じく留学中だった歴史家・羽仁五郎と親しくなる。その他、天野貞祐、九鬼周造らの知遇も得る。

一九二三年（大正一二年）二六歳
五月、リッケルトの紹介で「日本の哲学に対するリッケルトの意義」を現地の「フランクフルト新聞」に。秋、マールブルク大学に移る。ハイデガーに師事。またこの頃、ハイデガーの助手をしていたカール・レーヴィットとも知り合う。

一九二四年（大正一三年）二七歳
三月、編集者に宛てた通信が「消息一通」として「思想」に。八月、パリに移住。芹沢光治良と交流。パスカル研究に目覚める。この年を中心に、集中して、五本のエルンスト・ホフマンのギリシア哲学に関する論考を「思想」に翻訳する。

一九二五年（大正一四年）二八歳
五月、パスカル研究の第一論考となる「パスカルと生の存在論的解釈」を「思想」に（単行本時に「人間の分析」に改題）。続けて、三本のパスカル論を同誌に発表していく。一〇月、留学から帰国。

一九二六年（大正一五年・昭和元年）二九歳
京都に下宿し、戸坂潤ら後輩と講読会を通じ交流する。四月、第三高等学校講師に就任。京都大学、龍谷大学でも教鞭をとる。六月、パスカル論をまとめた処女作『パスカルに於ける人間の研究』（岩波書店）刊。母・しん死去。西田幾多郎の推薦で河上肇のためにヘーゲル研究を手伝う。この頃、岩波書店に勤める岩波茂雄の女婿・小林勇と知りあう。

一九二七年（昭和二年）三〇歳

四月、法政大学文学部哲学科主任教授に就任。京大文学部哲学科の助教授の職につくことが叶わずの東京移住だった。日本大学、大正大学でも教鞭をとる。六月、唯物史観に関する第一論考となる「人間学のマルクス的形態」を「思想」に。七月、岩波書店の各種編集協力を始める。岩波茂雄のもと、小林勇、長田幹雄らと「岩波文庫」の出版企画に尽力し、小文「読書子に寄す――岩波文庫発刊に際して」の草案を作る。発案に関わった「岩波文庫」が創刊される。翻訳「純粋認識の論理学」（コーヘン）を「学苑」に連載（翌年六月まで）。一二月、翌年一月半ばまで岩波茂雄と共に朝鮮半島、中国北部を訪れる。

一九二八年（昭和三年）三一歳

二月、林達夫、羽仁五郎と共同編集した岩波講座『世界思潮』刊。五月、『唯物史観と現代の意識』（岩波書店）刊。七月、南満州鉄道の招きで訪満、各地で講演を行う。一〇月、小林勇が独立して起こす新興科学社（翌年四月に鉄塔書院を創立）を支援する。同社から、羽仁五郎との共同編集による月刊雑誌「新興科学の旗のもとに」（第一三号まで）を発刊。「科学批判の課題」を創刊号に。以後、毎号のように同誌に論考を発表していく。

一九二九年（昭和四年）三二歳

二月、前年一二月に発表された批判（「唯物弁証法と唯物史観」）を発端とする服部之総との論争へつながる「唯物論とその現実形態」を「新興科学の旗のもとに」に。四月、東畑喜美子と結婚。『社会科学の予備概念』（鉄塔書院）刊。六月、『史的観念論の諸問題』（岩波書店）刊。八月、清沢洌の呼びかけで始まった勉強会「二七会」に参加。メンバーは「中央公論」の常連執筆者で、徳田秋声、長谷川如是閑、石橋湛山、谷川徹三、正宗白鳥などがいた。一〇月、「啓蒙文学論」を「改造」に。秋田雨雀らのプロレタリア科学研究所の創設に参加する。一一月、同研究所の機関誌「プロレタリア科学」の編集長となる。

一九三〇年（昭和五年）　三三歳

三月、「文芸時評」を「読売新聞」に（二五日から二八日、三〇日）。五月、日本共産党への資金提供をめぐり、治安維持法で検挙されるも一旦釈放。この事件のため、法政大学教授の退任を余儀なくされる。六月、山崎謙、秋沢修二との鼎談「唯物論は如何にして観念化されたか」を「思想」に。七月、起訴を受けて豊多摩刑務所に勾留される。翻訳を手がけた岩波文庫『ドイッチェ・イデオロギー』（マルクス、エンゲルス）刊。八月、プロレタリア科学研究所が三木を批判する編集部巻頭論文「哲学に対するわれわれの態度―三木哲学に関するテーゼ」を発表。勾留中に「非マルクス主義者」であるとし除名処分を受ける。一〇月、長女・洋子が生まれる。一一月、執行猶予付の判決を受けて釈放される。

一九三一年（昭和六年）　三四歳

二月、没後百年を記念し設立された国際ヘーゲル連盟の日本支部代表に就任。五月、同連盟の依頼を受けて編集した『ヘーゲルとヘーゲル主義』（岩波書店）刊。六月、『観念形態論』（鉄塔書院）刊。一一月、企画した岩波講座『哲学』（全一八巻）刊。

一九三二年（昭和七年）　三五歳

四月、『歴史哲学』（岩波書店）刊。六月、座談会「西田博士に聴く」を「読売新聞」に（二一日から二五日）。七月、「文学の真について」を「改造」に。

一九三三年（昭和八年）　三六歳

一月、「現代階級闘争の文学」（岩波講座『日本文学』）が発禁処分を受ける。五月、長谷川如是閑らとナチスの焚書への抗議声明を発表。六月、『危機に於ける人間の立場』（鉄塔書院）刊。七月、京大滝川事件も背景に、徳田秋声（会長）、豊島与志雄、広津和郎、秋田雨雀らと共に知識人による反ファシズムの組織「学芸自由連盟」を結成。ここで中島健蔵と出会う。九月、「美術時評」を「都新聞」に（全五回）。

一九三四年（昭和九年）　三七歳

一月、「論壇時評」を「読売新聞」に（二六日から二八日、三〇日）。七月、『人間学的文学論』（改造社）刊。九月、文壇的にも注目された「シェストフ的不安について」を「改造」に。一二月、編集をつとめた『シェストフ選集』（改造社）刊行開始。

一九三五年（昭和一〇年）　三八歳

一月、文化学院講師を担当し始める。三月、「読売新聞」夕刊にてコラム「一日一題」欄の執筆担当を始める（週一回）、第一回は「政治の過剰」。翻訳「時代の子とまま子—スピノザの歴史的運命」を『シェストフ選集2』（改造社）に。六月、小林勇と企画協力した『大思想文庫』（岩波書店、全二六巻）刊行開始。同文庫第一弾として『アリストテレス形而上学』刊。豊島与志雄、横光利一、川端康成、河上徹太郎らとの座談会「『純粋小説』を語る」を「作品」に。一〇月、西田幾多郎との対談「日本文化の特質」を「読売新聞」に（一三日、一五日から一六日）。

一九三六年（昭和一一年）　三九歳

一月、日本ペン倶楽部出版企画委員に就任。二月、二・二六事件に際し、身の危険を避けて三重に一時避難。四月、国際著作権協議会幹事に就任。八月、妻・喜美子死去。九月、西田幾多郎との対談「ヒューマニズムの現代的意義」を「読売新聞」に(六日、八日から一一日まで)。編者をつとめた『現代哲学辞典』(日本評論社)刊。一一月、青野季吉、戸坂潤、小林秀雄、林房雄らとの座談会「現代青年論」を「文学界」に。一二月、「読売新聞」に連載したコラム「一日一題」をまとめた『時代と道徳』(作品社)刊。

一九三七年(昭和一二年)四〇歳

二月、谷川徹三、戸坂潤、小林秀雄らとの座談会「現代文学の日本的動向」を「文学界」に。三月、小林秀雄の奨めで「文学界」同人となる。五月、「構想力の論理」初回となる「神話(上)」―構想力の論理に就いて―を「思想」に連載開始(「神話」は七月まで、「制度」は一〇月まで、「技術」は翌年二月から五月)。六月、萩原朔太郎、阿部知二らとの座談会「読書と教養のために」を「文芸」に。幸田露伴の文化勲章受章祝賀会に出席し、スピーチを行う。七月、妻の一周忌を記念し追悼文集『影なき影』(私家版)を編集し、「幼き者のために」「後記」を執筆。九月、河上徹太郎、阿部知二、青野季吉らとの座談会「現代人の建設」を「文学界」に。この年から、近衛文麿のブレーンとしての政策集団「昭和研究会」に参加。同研究会が行う「七日会」なる会合に招かれ、「支那事変の世界史的意義」を講じたのがきっかけだった。後に、文化部門の責任者として指導的な役割を果し、「東亜協同体」論を展開していく。また研究会内組織の文化委員長もつとめた。委員メンバーには、加田哲二、清水幾太郎、中島健蔵などがいた。

一九三八年(昭和一三年)四一歳

二月、豊島与志雄の奨めで河出書房の顧問となる。翌月にかけて、岩波書店で社員向けに哲学入門の講義を一三回行う。三年後に刊行される『哲学ノート』はこの速記録にもとづく。四月、多摩帝国美術学校講師となる。五月、豊島与志雄、中島健蔵と共に雑誌「知性」を発刊、「新時代の知性」を創刊号に。講座『廿世紀思想』（河出書房）の編者をつとめる。六月、「人生論ノート」を「文学界」に連載開始（一六年九月まで、全二一回）。八月、阿部知二、島木健作との鼎談「文化と自然」を「文学界」に。一〇月、『アリストテレス』（岩波書店）刊。一一月、編集・企画に協力した岩波新書が創刊される。この年、改造社の顧問をつとめた原勝が会長となり創設された日本青年外交協会の顧問となる。

一九三九年（昭和一四年）　四二歳

一月、「哲学ノート」を「知性」に連載開始（九月まで）。河上徹太郎、今日出海との鼎談「廿世紀とは如何なる時代か」を「文学界」に。二月、「読売新聞」に連載したコラム「一日一題」をまとめた『現代の記録』（作品社）刊。五月、司会をつとめた、辰野隆らとの座談会「読書界の傾向を語る」を「日本評論」に。六月、『ソクラテス』（岩波書店）刊。七月、長与善郎、阿部知二らとの座談会「宗教と現代」を「文学界」に。「思想」に連載した三章分をまとめた『構想力の論理　第一』（岩波書店）刊。一一月、小林いと子と再婚。この年から、「中央公論」の無署名の巻頭言執筆者の一人となる。

一九四〇年（昭和一五年）　四三歳

三月、岩波新書『哲学入門』刊。すぐに一〇万部を超えるベストセラーとなる。中央公論社の依頼で訪中。四月、末弟・建が中国で戦死。八月、満州政府の招きで二ヵ月間、満州に滞在。視察や講演を行う。中学時代の恩師で満州政府にて教科書編纂の主任をしていた寺田喜治郎の斡旋によるものだった。約一年の中断を経て、「構想力の論理」続編にあたる「経験（一）―構想力の論理に就いて―」を

「思想」に連載再開。一一月、岸田国士、谷川徹三、豊島与志雄との座談会「新文化の発足」を「都新聞」に（二日から一二日まで）。一二月、岸田国士らとの座談会「文化問題を語る」を「日本評論」に。この頃、昭和研究会が組織した「昭和塾」のトップとして尾崎秀実らと活動を共にする。

一九四一年（昭和一六年）四四歳

一月、座談会「新体制運動と国語の統一」を「読売新聞」に（一四日から翌月一日まで）。三月、「哲学はどう学んでゆくか」を「図書」に連載（五月まで）。編者をつとめた『新版現代哲学辞典』（日本評論社）刊。四月、司会をつとめた、読者参加の座談会「政治と生活」を「改造」時局版に。中山伊知郎、永田清との共編『社会科学新辞典』（河出書房）刊。六月、「読書遍歴」を「文芸」に連載（一二月まで）。八月、小林秀雄との対談「実験的精神」を「文芸」に。「文学界」に連載した人生論のエッセイを整理した随筆集『人生論ノート』（創元社）刊。一一月、『哲学ノート』（河出書房）刊。一二月、高坂正顕との対談「民族の哲学」を「文芸」に。

一九四二年（昭和一七年）四五歳

一月、「戦時認識の基調」を「中央公論」に。これが軍部の目にとまり、以後、主要な綜合雑誌に評論が掲載されなくなる。三月、陸軍宣伝班員として約一〇ヵ月間、マニラに赴任（徴用時の様子に材をとった小説に今日出海「三木清に於ける人間の研究」がある）。徴用メンバーには尾崎士郎、火野葦平、上田広などがいた。三月、『知識哲学』（小山書店）刊、『学問と人生』（中央公論社）刊。四月、論文集『続哲学ノート』（河出書房）刊。六月、随筆集『読書と人生』（小山書店）刊。九月、『技術哲学』（岩波書店）刊。一二月、マニラから帰国。

一九四三年（昭和一八年）　四六歳
二月、マニラ徴用中に現地雑誌「南十字星」に連載した「比島人の東洋的性格」が「改造」に転載される。三月、「フィリッピン」を「中央公論」に。中島健蔵との対談「大東亜文化」を「文芸」に。徴用により中断していた「経験―構想力の論理に就いて」を「思想」に連載再開。四月、妹・はるみ死去。一二月、編纂代表をつとめた『比島風土記』（小山書店）刊。

一九四四年（昭和一九年）　四七歳
三月、妻・いと子死去。娘・洋子と共に埼玉県へ疎開する。一一月、「現代民族論の課題」を『民族科学大系1』（育英出版）に。

一九四五年（昭和二〇年）　四八歳
三月、警視庁に検挙される。六月、治安維持法違反容疑の共産党員・高倉輝をかくまい逃亡させた容疑で、拘留処分により巣鴨の東京拘置所に送られる。その後、豊多摩刑務所に移送される。九月二六日、拘置所内で獄死。

一九四六年（昭和二一年）　没後一年
一月、遺稿「親鸞」の一部が「展望」に。四月、『文学史方法論』（岩波書店）刊。六月、『構想力の論理　第二』（岩波書店）刊。九月、『三木清著作集』（岩波書店、全一六巻）刊行開始。この年、警視庁に押収されていた「親鸞」のさらなる一部と、デカルト『省察』の訳稿が遺族に返却される。

本年譜は、略年譜として新たに作成した。『三木清全集20』（岩波書店、一九八六）所収の「年譜」のほか、『三木清エッセンス』（こぶし書房、二〇〇〇）、宮川透『三木清』（東京大学出版会、二〇〇七）、永野基綱『三木清』（清水書院、二〇〇九）などに収載されたものも参照させて頂いた。

（柿谷浩一・編）

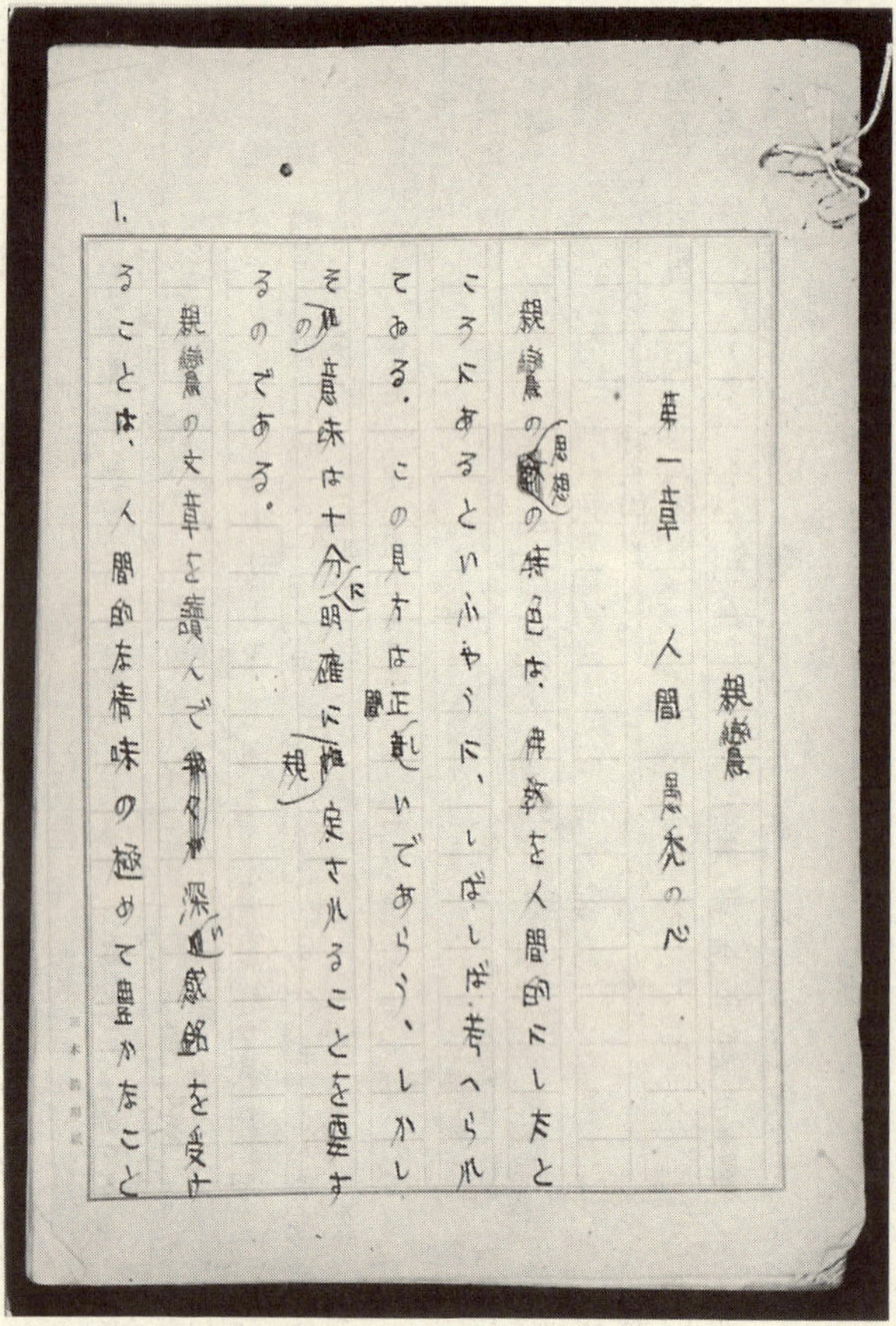
1.
親鸞
第一章　人間愚禿の心
親鸞の思想の特色は、佛教を人間的にしたところにあるといふやうに、しばしば考へられてゐる。この見方は正しいであらう、しかしその意味は十分に明確に規定されることを要するのである。
親鸞の文章を読んで深い感銘を受けることは、人間的な情味の極めて豊かなこと

『親鸞』原稿。執筆時期不明。初出は『展望』(昭和21年1月)。

三木清・昭和11年

本書は、『読書と人生』（新潮文庫・一九七四年刊）を底本としました。
なお、底本中明らかな誤りは訂正し、多少ふりがなを調整しました。

読書《どくしょ》と人生《じんせい》

三《み》木《き》清《きよし》

二〇一三年九月一〇日第一刷発行
二〇二一年三月一日第五刷発行
発行者――渡瀬昌彦
発行所――株式会社 講談社
東京都文京区音羽2・12・21 〒112-8001
電話 編集（03）5395・3513
販売（03）5395・5817
業務（03）5395・3615
デザイン――菊地信義
印刷――豊国印刷株式会社
製本――株式会社国宝社
本文データ制作――講談社デジタル製作

定価はカバーに表示してあります。

落丁本・乱丁本は購入書店名を明記のうえ、小社業務宛にお送りください。送料は小社負担にてお取替えいたします。なお、この本の内容についてのお問い合せは文芸文庫（編集）宛にお願いいたします。

講談社
文芸文庫

ISBN978-4-06-290207-6

講談社文芸文庫

青木淳選—建築文学傑作選	青木 淳——解
青柳瑞穂—ささやかな日本発掘	高山鉄男—人／青柳いづみこ-年
青山光二—青春の賭け 小説織田作之助	高橋英夫—解／久米 勲——年
青山二郎—眼の哲学｜利休伝ノート	森 孝一——人／森 孝一——年
阿川弘之—舷燈	岡田 睦——解／進藤純孝—案
阿川弘之—鮎の宿	岡田 睦——年
阿川弘之—桃の宿	半藤一利—解／岡田 睦——年
阿川弘之—論語知らずの論語読み	高島俊男—解／岡田 睦——年
阿川弘之—森の宿	岡田 睦——年
阿川弘之—亡き母や	小山鉄郎—解／岡田 睦——年
秋山駿——内部の人間の犯罪 秋山駿評論集	井口時男—解／著者———年
秋山駿——小林秀雄と中原中也	井口時男—解／著者他——年
芥川龍之介-上海游記｜江南游記	伊藤桂一—解／藤本寿彦—年
芥川龍之介 谷崎潤一郎-文芸的な、余りに文芸的な｜饒舌録ほか 芥川vs.谷崎論争 千葉俊二編	千葉俊二—解
安部公房—砂漠の思想	沼野充義—人／谷 真介——年
安部公房—終りし道の標べに	リービ英雄-解／谷 真介——案
阿部知二—冬の宿	黒井千次—解／森本 穫——年
安部ヨリミ-スフィンクスは笑う	三浦雅士—解
有吉佐和子-地唄｜三婆 有吉佐和子作品集	宮内淳子—解／宮内淳子—年
有吉佐和子-有田川	半田美永—解／宮内淳子—年
安藤礼二—光の曼陀羅 日本文学論	大江健三郎賞選評-解／著者———年
李良枝——由熙｜ナビ・タリョン	渡部直己—解／編集部——年
生島遼一—春夏秋冬	山田 稔——解／柿谷浩一—年
石川淳——黄金伝説｜雪のイヴ	立石 伯——解／日高昭二—案
石川淳——普賢｜佳人	立石 伯——解／石和 鷹——案
石川淳——焼跡のイエス｜善財	立石 伯——解／立石 伯——年
石川淳——文林通言	池内 紀——解／立石 伯——年
石川淳——鷹	菅野昭正—解／立石 伯——解
石川啄木—雲は天才である	関川夏央—解／佐藤清文—年
石坂洋次郎-乳母車｜最後の女 石坂洋次郎傑作短編選	三浦雅士—解／森 英一——年
石原吉郎—石原吉郎詩文集	佐々木幹郎-解／小柳玲子—年
石牟礼道子-妣たちの国 石牟礼道子詩歌文集	伊藤比呂美-解／渡辺京二—年
石牟礼道子-西南役伝説	赤坂憲雄—解／渡辺京二—年

▶解=解説 案=作家案内 人=人と作品 年=年譜を示す。 2021年2月現在